유튜브보다 더 재미있는
초등과학실험

유튜브보다 더 재미있는
초등과학실험

초판 1쇄 인쇄 2020년 5월 15일
초판 1쇄 발행 2020년 5월 22일

지은이 심준보·한도윤·김선왕·민홍기

발행인 장상진
발행처 (주)경향비피
등록번호 제2012-000228호
등록일자 2012년 7월 2일

주소 서울시 영등포구 양평동 2가 37-1번지 동아프라임밸리 507-508호
전화 1644-5613 | 팩스 02) 304-5613

ISBN 978-89-6952-403-4 14590
　　　978-89-6952-404-1 (세트)

ⓒ심준보·한도윤·김선왕·민홍기

· 값은 표지에 있습니다.
· 파본은 구입하신 서점에서 바꿔드립니다.

어린이 제품 안전 특별법에 의한 표시
제품명 도서 **제조자명** 경향BP **제조국** 대한민국 **전화번호** 1644-5613
주소 서울시 영등포구 양평동 2가 37-1번지 동아프라임밸리 507-508호
제조년월일 2020년 5월 22일 **사용연령** 8세 이상
※ KC마크는 이 제품이 공통안전기준에 적합하였음을 의미합니다.

유튜브보다 더 재미있는
초등과학실험

심준보 · 한도윤 · 김선왕 · 민홍기 지음

경향BP

 **머리말**

우리 집에서 지금 위대한 과학실험이 이루어지고 있답니다!

매일 생활하는 집안 곳곳에서 과학실험이 이루어지고 있다는 것 알고 있나요? 여러분이 쉽게 볼 수 있는 냉장고, 자동차, 빨대, 풍선 등 다양한 물건 속에 위대한 과학 원리가 숨어 있어요. 먹고, 놀고, 자는 모든 것이 알고 보면 기막히게 신통한 과학 현상들이에요.
이 책에서 생활 속 숨겨진 과학 원리를 배워 봐요. 재미있는 놀이를 통해 직접 실험을 해 보고 눈으로 결과를 확인하면 훨씬 이해가 잘되고 기억에도 오래 남아요.

『유튜브보다 더 재미있는 초등 과학실험』에는 그림자로 할 수 있는 신기한 마술 실험, 내가 범인을 찾아보는 탐정 실험, 우리 몸 실험 등 집에서 할 수 있는 재미있는 과학실험 50가지를 소개하고 있어요. '이런 것도 과학이라고?' 하고 놀랄 만큼 우리 생활과 밀접하면서도 쉽고 재미있는 실험들이에요. 방, 거실, 베란다, 욕실 등 실험실이 아닌 곳에서도 얼마든지 과학실험을 할 수 있습니다. 이제 과학을 공부가 아니라 재미있는 놀이로 즐겨 보세요.

이 책에 나오는 과학실험들은 유튜브 영상으로도 나와 있어 더 쉽고 재미있게 배울 수 있습니다. 반짝반짝 빛나는 소금물 그림, 달콤하고 시원한 얼음과자 만들기, 부글부글 거품 화산 만들기 등 놀이처럼 재미있지만 100% 과학 원리에 기초한 실험들이에요. 어렵고 이해가 안 간다

면 침대 위에 누워 편안한 자세로 유튜브를 보면서 어떻게 실험을 할지, 어떤 결과가 나오는지를 알아봐도 돼요.

이 책에 소개한 과학실험에는 비싼 재료나 실험실이 필요 없어요. 설탕, 페트병, 종이컵 같은 일상 속 재료들만 있으면 어디서나 쉽고 자유롭게 실험을 할 수 있습니다. 필요한 준비물은 대부분 여러분의 집과 동네 마트에서 구할 수 있고, 간혹 특별한 준비물이 필요할 경우에도 인터넷에서 쉽게 구할 수 있는 것들이에요.

아직도 과학이 교과서 속에만 묶여 있는 지루한 것이라는 생각이 드나요? 그럼 가벼운 마음으로 책을 펼쳐 보세요. 이 책은 초등학교 과학 교과서에 나오는 중요한 과학 원리들을 재미있는 놀이 속에 담아 재미있게 설명해 주니까요. 자, 이제 슬슬 선생님과 함께 『유튜브보다 더 재미있는 초등 과학실험』 속으로 들어가 보도록 해요. 재미있는 과학실험 놀이로 요리조리 놀다 보면 어느새 꼬마 과학자가 되어 있을 거예요.

심준보 · 한도윤 · 김선왕 · 민홍기

# 차례

머리말 : 4
유튜브 채널 '아꿈선 초등3분과학'을 소개합니다 : 8
꼬마 과학자가 되어 볼까요? : 9
이 책의 활용법 : 10
위험한 도구를 사용하거나 실험을 할 때 주의할 점 : 11
이 책의 실험과 초등 과학 교과서 연계 단원 : 13

PART 1
4학년 1학기 교과서 따라잡는
재미있는 과학실험 놀이

01 : 톡톡 튀는 탄산수 : 16
02 : 나는야 탄산수 발명가 : 18
03 : 넣을수록 높아지는 탄산수 거품 분수 : 20
04 : 동물의 진화 속 비밀 : 22
05 : 범인을 찾아내는 지문 : 24
06 : 모래가 돌이 되는 퇴적 마법 : 26
07 : 층층이 쌓여 있는 땅 : 28
08 : 아주 오래전에 살았던 생물 : 30
09 : 이쑤시개로 발굴하는 초콜릿 화석 : 32
10 : 돌이 되어 버린 조개 : 34
11 : 알쏭달쏭 여러 가지 씨 : 36
12 : 콩에서 나온 뿌리 : 38
13 : 냉장고 속 식물 : 40
14 : 내가 해 주는 식물 신체검사 : 42
15 : 알록달록 꽃과 열매 : 44
16 : 도전! 인간 전자저울 : 46
17 : 무게와 용수철의 밀당 : 48
18 : 줄어들었다 길어지는 용수철저울 : 50
19 : 시소에 숨겨진 무게의 비밀 : 52
20 : 빨대로 만드는 나만의 양팔저울 : 54
21 : 반짝반짝 빛나는 소금물 그림 : 56
22 : 섞어서 더 맛있어지는 과자 : 58
23 : 섞여 버린 디폼 블록 : 60
24 : 눈에 보이지 않는 소금 : 62
25 : 내가 만드는 재생 종이 : 64

PART 2

**4학년 2학기
교과서 따라잡는**

재미있는 과학실험 놀이

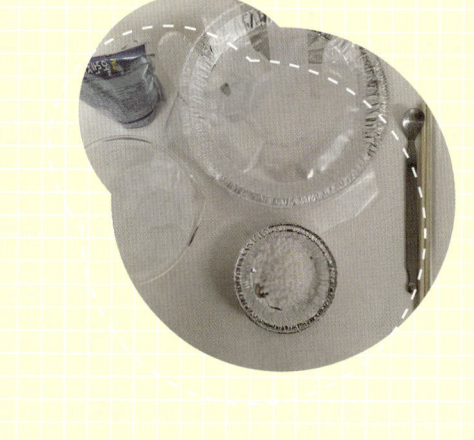

26 : 꽃 편지 만들기 : **68**
27 : 나만의 압화 작품 만들기 : **70**
28 : 부레옥잠 도장 찍기 : **72**
29 : 조약돌 선인장 만들기 : **74**
30 : 솔방울 천연 가습기 만들기 : **76**
31 : 달콤하고 시원한 얼음과자 만들기 : **78**
32 : 따르자마자 얼어 버리는 얼음탑 : **80**
33 : 귤피차 만들기 : **82**
34 : 작은 컵 속의 비 : **84**

35 : 펠트 가습기 만들기 : **86**
36 : 공 그림자 만들기 : **88**
37 : 나만의 그림자 작품 만들기 : **90**
38 : 손그림자놀이하기 : **92**
39 : 그림자 작품 만들기 : **94**
40 : 알록달록 거울 만화경 만들기 : **96**
41 : 부글부글 거품 화산 만들기 : **98**
42 : 마시멜로 화산 분출물 만들기 : **100**
43 : 현무암 만들기 : **102**
44 : 손으로 느끼는 지진 : **104**
45 : 지진에 안전한 건물 모형 만들기 : **106**
46 : 손바닥 실내 정원 : **108**
47 : 물의 여행 : **110**
48 : 변화하며 이동하는 물 : **112**
49 : 물 발자국 계산하기 : **114**
50 : 물 모으는 장치 설계하기 : **116**

유튜브 채널 '아꿈선 초등3분과학'을 소개합니다!

'아꿈선 초등3분과학'은 유튜브에 개설된 초등과학 전문 채널입니다. 아꿈선은 '아이들에게 꿈을 선물하는 선생님'이라는 뜻입니다. 2016년부터 전국 60여 명의 현직 초등학교 선생님이 학생에게 꿈을 선물하려는 목표에 맞추어 초등과학과 연계된 과학실험 콘텐츠를 만들고 있습니다. 현재 600개가 넘는 콘텐츠가 업로드되어 있고, 총 조회수는 400만이 넘었습니다.

이 책에 소개한 과학실험 놀이는 각 실험마다 함께 수록한 QR코드를 통해 유튜브 '아꿈선 초등3분과학'에서도 만나 볼 수 있습니다.

초등학생
- 과학이 너무 어려웠는데 아꿈선 덕분에 꿀공부해요.
- 평소에 좋아하던 과학을 더 재밌게 배울 수 있어서 정말 유익해요.
- 과학이 재미있어졌어요.
- 실험이 넘 재밌어요.
- 제 꿈이 과학자인데 정말 좋아요! 덕분에 과학점수가 올랐어요!

학부모
- 아이들이 과학 공부를 쉽게 할 수 있겠어요!
- 초등학교 교사들이 만든 실험이라 과학 교육에 도움이 돼요.

교사
- 방과후 과학강사인데 교과 연계 부분을 확인할 때 아주 유용합니다.
- 수업 준비에 많은 도움이 됩니다.
- 학생들에게 필요한 정보가 정말 많습니다.

이 책의 활용법

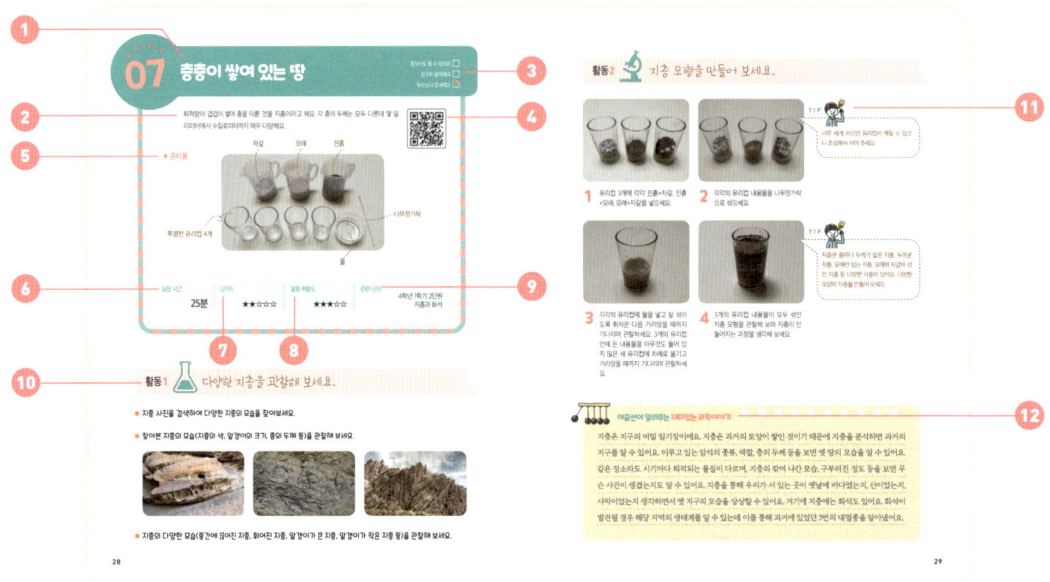

1. **실험 이름** : 제목을 보고 쉽고 재미있게 활동 내용을 알 수 있어요.

2. **관련 개념** : 실험과 연관된 개념을 간단하게 정리하여 한눈에 파악할 수 있어요.

3. **필요인원**: 난이도, 실험 위험도, 실험 내용에 따라 혼자 하는 것이 좋은지, 친구 또는 부모님과 함께 하는 것이 좋은지 표시해 두었어요.

4. **QR코드** : 스마트기기로 코드를 찍으면 관련 실험 영상을 볼 수 있어요.

5. **준비물** : 실험에 필요한 준비물을 실제 사진으로 제공하여 쉽게 확인할 수 있어요.

6. **실험 시간** : 실험하는 데 어느 정도 걸리는지를 알려 주어요.

7. **난이도** : 실험이 얼마나 어려운지를 별의 개수를 통해 알 수 있어요.

8. **실험 위험도** : 실험이 어느 정도 위험한지를 별의 개수를 통해 알 수 있어요.

9. **관련 단원** : 실험과 연계된 과학 교과서의 각 단원을 소개했어요.

10. **활동 방법** : 실험에 대한 과정을 사진과 설명을 통해 자세히 제시하여 누구든지 보고 쉽게 해 볼 수 있어요.

11. **TIP** : 실험에 필요한 꿀팁을 제시하여 실험이 원활하게 진행될 수 있도록 도와주어요.

12. **아꿈선이 알려주는 재미있는 과학이야기** : 실험과 관련된 추가적인 과학지식을 쌓을 수 있고, 과학놀이도 할 수 있어요.

위험한 도구를 사용하거나  실험을 할 때 주의할 점

가위는 이렇게 사용하세요.

★ 가위가 가는 방향에 손가락을 올리지 않아요.
★ 가위를 사용할 때에는 무리하게 힘을 가하지 않아요.
★ 가위를 사용한 후에는 꼭 칼날이 보이지 않도록 닫아 두어요.
★ 플라스틱 등 단단한 물건을 자를 때에는 장갑을 끼거나 주변 어른에게 부탁하세요.
★ 만약 가위에 베였다면 소독 후 깨끗한 헝겊 등을 이용해 지혈해요.

칼은 이렇게 사용하세요.

★ 칼을 자르는 방향에 손가락을 올리지 않아요.
★ 커터칼을 사용할 때 힘을 무리하게 가하지 않아요.
★ 힘을 무리하게 가하면 칼날이 부러지며 다칠 수 있어요.
★ 칼을 사용할 때 되도록 장갑을 끼어요.
★ 만약 칼에 베였다면 소독 후 깨끗한 헝겊 등을 이용해 지혈해요.

불을 이용하는 실험은 이렇게 하세요.

★ 반드시 부모님과 함께 실험하세요.
★ 뜨거운 물체를 잡을 때는 화상 방지를 위해 목장갑을 끼세요.
★ 주변에 탈 수 있는 물건들이 있다면 정리하세요.
★ 실험 전에 소화기의 위치와 사용법을 확인하세요.
★ 실험 전에 초의 고정 상태를 확인하세요.
★ 실험 직후에 뜨거워진 초를 손으로 만지지 않아요.

유리제품을 이용하는 실험은 이렇게 하세요.

★ 유리로 된 실험도구에 금이 갔는지 확인하고 금이 간 제품은 사용하지 않아요.
★ 물이 묻은 유리로 된 실험도구의 경우 미끄럽기 때문에 목장갑을 끼고 만지세요.
★ 유리 막대로 저을 때는 컵에 부딪치지 않게 손목 힘만으로 가볍게 저으세요.
★ 실험 후에는 반드시 깨끗하게 씻어서 말리세요.
★ 유리 주변에서는 장난치지 않고 조심히 움직이세요.
★ 실험을 중간에 멈출 경우 유리로 된 실험 도구는 반드시 안전한 장소로 옮겨 두세요.
★ 깨진 유리는 신문지, 뽁뽁이 등에 감싸 종량제 봉투에 버리세요.

화학약품을 이용하는 실험은 이렇게 하세요.

★ 피부에 닿을 경우 화상 등 피부에 이상이 생길 수 있으니 라텍스 장갑을 끼고 만지세요.
★ 구연산을 맨 손으로 만지면 피부가 상할 수 있어요.
★ 실험 중 화학약품이 손에 닿았다면 중성비누로 바로 씻어내세요.
★ 절대로 먹거나 가까이에서 냄새를 맡지 마세요.
★ 화학 약품은 절대 복용하지 않는 것을 원칙으로 해요.

이 책의 실험과 초등 과학 교과서 연계 단원

실험 이름	학기	단원
01 톡톡 튀는 탄산수	4학년 1학기	1단원
02 나는야 탄산수 발명가	4학년 1학기	1단원
03 넣을수록 높아지는 탄산수 거품 분수	4학년 1학기	1단원
04 동물의 진화 속 비밀	4학년 1학기	1단원
05 범인을 찾아내는 지문	4학년 1학기	1단원
06 모래가 돌이 되는 퇴적 마법	4학년 1학기	2단원
07 층층이 쌓여 있는 땅	4학년 1학기	2단원
08 아주 오래전에 살았던 생물	4학년 1학기	2단원
09 이쑤시개로 발굴하는 초콜릿 화석	4학년 1학기	2단원
10 돌이 되어 버린 조개	4학년 1학기	2단원
11 알쏭달쏭 여러 가지 씨	4학년 1학기	3단원
12 콩에서 나온 뿌리	4학년 1학기	3단원
13 냉장고 속 식물	4학년 1학기	3단원
14 내가 해 주는 식물 신체검사	4학년 1학기	3단원
15 알록달록 꽃과 열매	4학년 1학기	3단원
16 도전! 인간 전자저울	4학년 1학기	4단원
17 무게와 용수철의 밀당	4학년 1학기	4단원
18 줄어들었다 길어지는 용수철저울	4학년 1학기	4단원
19 시소에 숨겨진 무게의 비밀	4학년 1학기	4단원
20 빨대로 만드는 나만의 양팔저울	4학년 1학기	4단원
21 반짝반짝 빛나는 소금물 그림	4학년 1학기	4단원
22 섞어서 더 맛있어지는 과자	4학년 1학기	5단원
23 섞여 버린 디폼 블록	4학년 1학기	5단원
24 눈에 보이지 않는 소금	4학년 1학기	5단원
25 내가 만드는 재생 종이	4학년 1학기	5단원

실험 이름	학기	단원
26 꽃 편지 만들기	4학년 2학기	1단원
27 나만의 압화 작품 만들기	4학년 2학기	1단원
28 부레옥잠 도장 찍기	4학년 2학기	1단원
29 조약돌 선인장 만들기	4학년 2학기	1단원
30 솔방울 천연 가습기 만들기	4학년 2학기	1단원
31 달콤하고 시원한 얼음과자 만들기	4학년 2학기	2단원
32 따르자마자 얼어 버리는 얼음탑	4학년 2학기	2단원
33 귤피차 만들기	4학년 2학기	2단원
34 작은 컵 속의 비	4학년 2학기	2단원
35 펠트 가습기 만들기	4학년 2학기	2단원
36 공 그림자 만들기	4학년 2학기	3단원
37 나만의 그림자 작품 만들기	4학년 2학기	3단원
38 손그림자놀이하기	4학년 2학기	3단원
39 그림자 작품 만들기	4학년 2학기	3단원
40 알록달록 거울 만화경 만들기	4학년 2학기	3단원
41 부글부글 거품 화산 만들기	4학년 2학기	4단원
42 마시멜로 화산 분출물 만들기	4학년 2학기	4단원
43 현무암 만들기	4학년 2학기	4단원
44 손으로 느끼는 지진	4학년 2학기	4단원
45 지진에 안전한 건물 모형 만들기	4학년 2학기	4단원
46 손바닥 실내 정원	4학년 2학기	5단원
47 물의 여행	4학년 2학기	5단원
48 변화하며 이동하는 물	4학년 2학기	5단원
49 물 발자국 계산하기	4학년 2학기	5단원
50 물 모으는 장치 설계하기	4학년 2학기	5단원

PART 1

4학년 1학기
교과서 따라잡는
재미있는 과학실험 놀이

01 톡톡 튀는 탄산수

혼자서도 할 수 있어요 ☑
친구와 함께해요 ☑
부모님과 함께해요 ☐

관찰은 일어나는 변화나 대상을 주의하여 자세히 살펴보는 것을 말해요. 변화를 정확하게 관찰하고 싶다면 변화 전, 변화 중, 변화 후를 나누어 관찰하는 게 좋아요.

★ 준비물

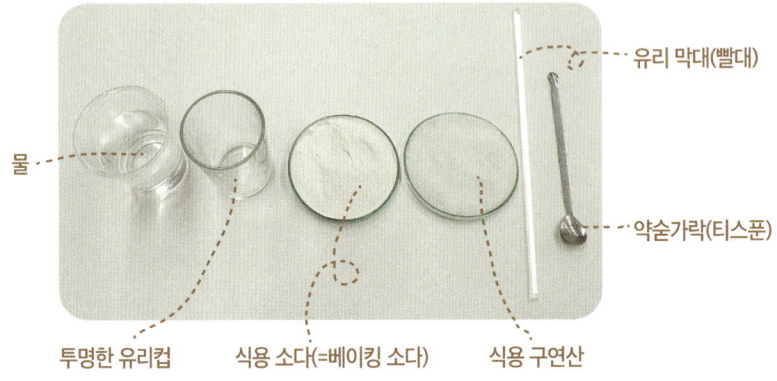

- 유리 막대(빨대)
- 약숟가락(티스푼)
- 물
- 투명한 유리컵
- 식용 소다(=베이킹 소다)
- 식용 구연산

실험 시간	난이도	실험 위험도	관련 단원
20분	★★☆☆☆	★★★☆☆	4학년 1학기 1단원 과학자처럼 탐구해 볼까요?

활동 1  정확한 양을 측정해 탄산수를 만들어 보세요.

1 5가지 감각기관인 눈, 코, 입, 귀, 피부를 사용해 유리컵 속 물, 식용 구연산, 식용 소다를 관찰해 보세요. 식용으로 구연산과 소다를 준비했다면 혀로 맛을 관찰할 수 있어요.

TIP
다음 질문들에 대한 답을 생각하며 관찰해 보세요
- 눈(살펴보기-어떻게 생겼나요? 무슨 색인가요?)
- 코(냄새 맡기-어떤 냄새가 나요?)
- 입(맛보기-어떤 맛인가요?)
- 귀(소리 듣기-귀를 기울이면 어떤 소리가 들리나요?)
- 피부(만져 보기-어떤 느낌이 드나요?)

2 유리컵에 물을 절반 조금 넘게 채우세요.

3 식용 소다를 1숟가락 떠서 물이 든 컵에 넣어 주세요.

4 식용 구연산을 1숟가락 떠서 넣은 뒤 유리 막대(빨대)로 저어 주세요.

5 유리컵 속에서 나타나는 변화를 5가지 감각기관을 사용해 관찰해 보세요.

TIP 식용 소다와 식용 구연산을 사용하면 탄산수를 먹고 맛을 관찰할 수 있어요

6 10분 정도가 흐른 뒤 반응이 끝나면 5가지 감각기관을 사용해 유리컵 속 물을 관찰해 보세요.

TIP 반응이 일어나는 중과 비교하여 그 차이점에 집중해서 관찰해 보세요

활동2  관찰 결과와 관찰 결과가 아닌 것을 구분해 보세요.

● 관찰한 내용을 공책에 정리해 보세요.
  예: 변화가 일어나기 전-식용 소다는 흰색을 띤다.(눈으로 관찰) / 변화가 일어나는 중-귀를 기울이면 톡톡 하는 터지는 소리가 들린다.(귀로 관찰)

● 공책에 정리한 것을 다시 한 번 보면서 관찰 결과와 관찰 결과가 아닌 것을 구분해 보세요. 직접 본 사실이 아닌 자신의 생각, 이미 알고 있는 지식 등은 관찰하여 알아 낸 것이 아니에요. 직접 오감을 통해 확인한 것이 관찰 결과예요.

- 구연산을 만지면 까끌까끌하다.(○)
- 식용 소다를 많이 더 많이 넣으면 거품이 더 오래 발생할 것이다.(✕)
  → 직접 본 사실이 아닌 자신의 생각
- 보글거리며 올라오는 기체는 이산화탄소일 것이다.(✕) → 이미 알고 있는 지식

나는야 탄산수 발명가

혼자서도 할 수 있어요 ☐
친구와 함께해요 ☑
부모님과 함께해요 ☑

측정은 길이, 들이, 무게 등 양을 재는 것을 말해요. 정확한 측정을 위해서는 대상에 알맞은 측정 도구를 사용해야 해요. 액체의 부피를 측정할 때는 눈금 실린더, 물체의 무게를 측정할 때는 저울을 사용해요.

★ 준비물

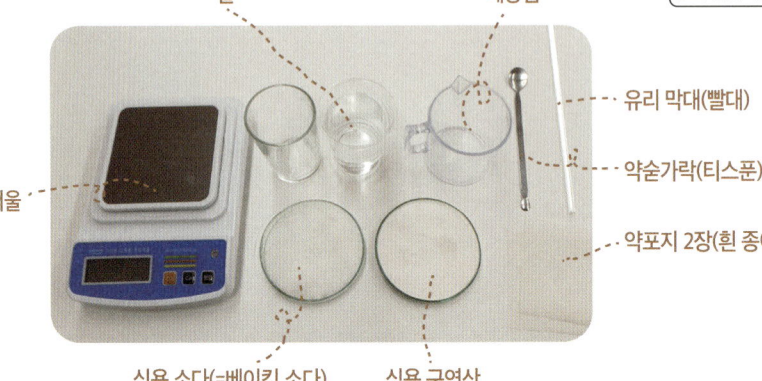

- 물
- 계량컵
- 유리 막대(빨대)
- 약숟가락(티스푼)
- 약포지 2장(흰 종이)
- 전자저울
- 식용 소다(=베이킹 소다)
- 식용 구연산

실험 시간	난이도	실험 위험도	관련 단원
30분	★★★☆☆	★★★☆☆	4학년 1학기 1단원 과학자처럼 탐구해 볼까요?

활동 1  전자저울을 이용해서 식용 구연산의 무게를 측정해 보세요.

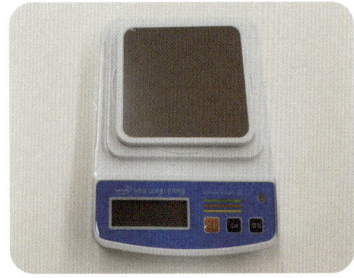

1 전자저울을 평평한 곳에 올려 두세요.

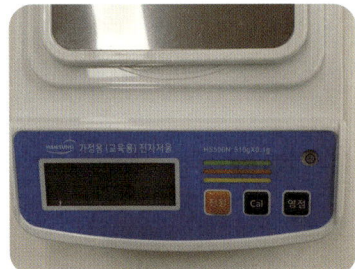

2 전자저울의 수평을 맞추는 공기방울이 검은색 원 한가운데에 들어가도록 해요. 전자저울 다리에 있는 높이 조절나사를 이용하면 공기방울을 움직일 수 있어요.

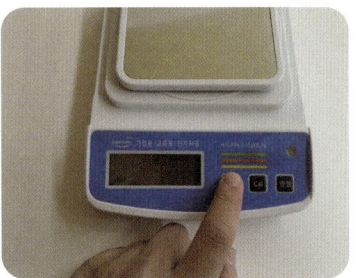

3 전원 버튼을 눌러 전자저울을 켜세요.

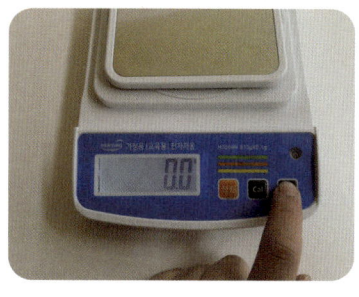
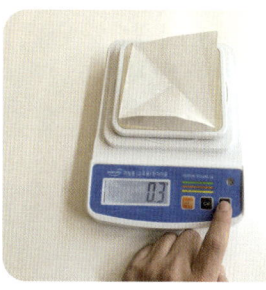
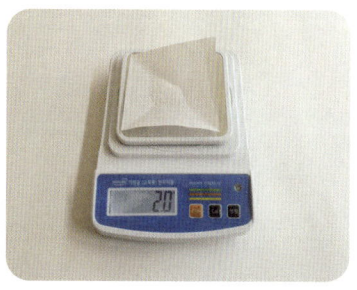

4 무게를 재기 전에 영점 조절 나사를 누르세요.

5 가루의 무게를 정확히 측정하기 위해 약포지를 전자저울 위에 올려 두고 다시 한 번 영점 조절 나사를 누르세요.

6 전자저울의 무게가 2g이 될 때까지 약숟가락을 이용해 식용 구연산을 약포지 위에 올리세요.

활동2 정확한 양을 측정해 탄산수를 만들어 보세요.

1 계량컵을 사용하여 물 100mL를 측정해 보세요. 계량컵을 바닥에 둔 상태에서 시선과 액체의 높이를 맞춰야 부피를 정확하게 측정할 수 있어요.

2 전자저울을 사용하여 식용 소다 4g, 식용 구연산 2g을 측정해서 각각 약포지에 올려 두세요.

3 투명한 유리컵에 계량컵의 물 100mL와 식용 소다 4g, 식용 구연산 2g을 넣고 저어 주면 탄산수가 만들어져요.

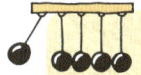 **아꿈선이 알려주는 재미있는 과학놀이**

가족과 함께 '무게 맞히기' 게임을 해 보세요.

1. 전자저울의 측정 범위를 생각해서 연필, 지우개와 같이 가벼운 물체를 대상으로 정해요.
2. 손으로 들어 보고 무게가 얼마나 나갈지 생각해 보세요.
3. 종이에 어림한 무게를 적어 놓아요.
4. 전자저울을 사용해 무게를 측정해 보세요.
5. 어림한 값과 측정한 값의 차이가 적은 사람이 승리해요.

03 넣을수록 높아지는 탄산수 거품 분수

혼자서도 할 수 있어요 ☐
친구와 함께해요 ☑
부모님과 함께해요 ☑

예상은 관찰한 사실을 바탕으로 알지 못하는 관찰 결과를 미리 판단하는 것을 말해요. 보다 정확하게 예상하기 위해서는 이미 측정한 값이나 살펴본 관찰 결과에서 규칙을 찾아야 해요.

★ 준비물

계량컵, 약포지 2장(흰 종이), 물, 식용 색소, 투명한 유리컵 3개, 유리 막대(빨대), 전자저울(계량스푼), 식용 구연산, 식용 소다(=베이킹 소다), 네임펜, 약숟가락(티스푼)

실험 시간	난이도	실험 위험도	관련 단원
40분	★★★☆☆	★★★☆☆	4학년 1학기 1단원 과학자처럼 탐구해 볼까요?

활동 1 탄산수 거품의 최고 높이를 측정해 보세요.

1 계량컵을 사용해 투명한 유리컵 3개에 각각 물을 100mL씩 부으세요.

2 유리컵 3개에 각각 식용 색소를 넣으세요. 식용 색소 대신 사인펜의 잉크를 풀어도 돼요. 색소를 넣으면 거품을 더 선명하게 볼 수 있어요.

3 유리컵 3개에 각각 식용 소다 4g을 붓고 유리 막대로 저으세요. 전자저울이 없다면 대신 계량스푼을 사용해도 좋아요.

4 첫 번째 유리컵에 식용 구연산 1g을 넣고 발생하는 탄산수 거품의 최고 높이를 표시해 보세요.

5 두 번째 유리컵에 식용 구연산 2g을 넣고 발생하는 탄산수 거품의 최고 높이를 표시해 보세요.

6 세 번째 유리컵에 식용 구연산 3g을 넣고 발생하는 탄산수 거품의 최고 높이를 표시해 보세요.

● 높이를 표시하고 자로 측정해 보세요.

활동 2  측정한 길이를 비교해 보세요.

★ 측정한 거품의 높이 속에서 규칙성을 찾아 물 100mL, 식용 소다 4g, 식용 구연산 4g을 유리컵에 넣었을 때 탄산수 거품의 최고 높이를 예상해 보세요.

★ 나의 예상과 실제 측정한 값을 비교해 보세요.

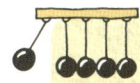 **아꿈선이 알려주는 재미있는 과학놀이**

친구들과 함께 탄산수 카페를 만들어 보세요.

1. 물, 식용 소다, 식용 구연산으로 탄산수를 만드세요.
2. 만든 탄산수에 사이다를 넣으세요. 직접 먹어 보고 맛있는 비율을 찾아보세요.
3. 과일청, 레몬원액, 과일즙 등 다양한 나만의 재료를 넣어서 에이드를 만들어 보세요.
4. 여러 가지 음료수를 만들어 친구들과 다 함께 먹어 보세요.

04 동물의 진화 속 비밀

혼자서도 할 수 있어요 ☐
친구와 함께해요 ✓
부모님과 함께해요 ✓

분류는 분류 기준을 세워 대상을 나누는 것을 말해요. 분류할 때는 먼저 공통점과 차이점을 찾아 분류 기준을 세워야 해요. 분류를 하게 되면 대상들을 한눈에 비교하기 쉬워 대상의 특징들을 자세히 알 수 있어요.

★ 준비물

- 스마트 기기
- 동물에 대한 책

실험 시간	난이도	실험 위험도	관련 단원
30분	★★★☆☆	★★★☆☆	4학년 1학기 1단원 과학자처럼 탐구해 볼까요?

활동1  여러 종류의 동물카드를 만들어 보세요.

● 분류하고 싶은 동물을 생각해 보세요.

● 인터넷 포털 사이트에서 분류하고 싶은 동물을 검색해 보세요. 동물은 한 종만 검색하세요.
한 종의 동물이 지역에 따라 다른 모습을 살펴보세요. 추천동물은 개, 호랑이, 핀치새, 여우예요.

검은꼬리여우　　북극여우　　붉은여우　　사막여우　　코사크여우

- 동물의 특징이 잘 나와 있는 사진을 모으세요.
  동물이 사는 특징과 모습이 잘 드러나 있는 사진을 고르면 분류할 때 도움이 돼요.

- 종이 1장에 사진이 4개 들어가게 인쇄해서 예쁘게 자르세요.

활동 2  꼬마 과학자가 되어 분류해 보세요.

- 동물 카드를 관찰해 보며 공통점과 차이점을 찾아보세요.

- 공통점과 차이점을 바탕으로 분류 기준을 정하여 동물을 분류하세요.

- 분류하고 나면 동물들이 사는 곳을 찾아보세요. 사는 곳과 동물의 모습을 생각하면 진화의 비밀을 엿볼 수 있어요.
  입의 모습은 먹이, 털의 길이는 동물이 사는 곳의 온도 등과 관련이 있어요.

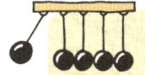 **아꿈선이 알려주는 재미있는 과학이야기**

더운 사막에 사는 사막여우는 얇고 큰 귀를 통해 몸속의 열을 많이 방출하며 더위를 견뎌요. 반대로 추운 북극에 사는 북극여우는 작은 귀를 가져 열이 많이 빠져 나가는 것을 막으며 추위를 견뎌요. 이처럼 생물이 오랜 시간에 걸쳐 환경에 맞추어 살아가는 것을 '적응'이라고 해요. 이러한 적응 모습에 대한 관심은 갈라파고스의 수많은 섬에서 시작되었어요. 영국의 생물학자 다윈은 갈라파고스 제도에 사는 새를 관찰하던 중 핀치새의 모습이 서로 다른 것을 발견했어요. 나무 속 곤충을 먹는 핀치새의 먹이는 가늘고 뾰족하고, 씨를 먹는 핀치새의 부리는 크고 단단하다는 것을 알게 되었어요. 다윈은 관찰과 분류 등을 통해 핀치새를 구분하고 원래 한 종류였던 핀치새가 먹이에 따라 모습이 바뀌었다고 생각했어요. 그리고 연구 끝에 진화의 이야기가 담긴 『종의 기원』이라는 책을 출판했어요.

05 범인을 찾아내는 지문

혼자서도 할 수 있어요 ☐
친구와 함께해요 ☑
부모님과 함께해요 ☑

지문은 손가락의 끝마디에 있는 소용돌이 모양의 금 또는 그것이 남긴 흔적을 말해요. 지문은 태아 발생 과정에서 손끝의 땀샘 부분이 부분적으로 올라와 생기게 돼요. 양막 속 양수의 흐름에 따라 지문이 형성되기 때문에 모든 사람은 각기 다른 모양을 가져요.

★ 준비물

- 흰 종이
- 물휴지
- 필기구
- 지문용 스탬프

실험 시간	난이도	실험 위험도	관련 단원
30분	★★★☆☆	★☆☆☆☆	4학년 1학기 1단원 과학자처럼 탐구해 볼까요?

활동1  지문을 분류해 보세요.

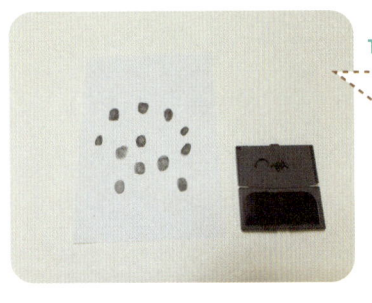

 **TIP**
지문용 스탬프의 잉크가 검지 끝마디의 위 아래에 전부 다 묻을 수 있게 해 주세요. 지문을 찍은 후에는 물티슈를 이용해 닦아 주세요.

1 지문용 스탬프를 이용해 흰 종이(1장)에 검지의 지문을 친구들과 찍어 보세요.

2 찍은 지문 아래에 각자 이름을 적으세요.

● 여러 가지 지문을 관찰하여 공통점과 차이점을 찾아내세요.

제상문(말발굽 모양): 말발굽이 찍힌 듯한 모양으로 긴 타원 모양의 소용돌이가 왼쪽 혹은 오른쪽에서 가운데 방향으로 들어가고 있어요.

와상문(달팽이 모양): 달팽이 껍질과 같은 모양으로 가운데 원들이 소용돌이를 그리듯 모여 있어요.

궁삼문(활 모양): 휘어진 활과 같은 모양으로 곡선들이 층층이 쌓여 있어요. 가진 사람이 매우 드문 지문이에요.

● 동그란 원 모양의 유무, 타원 모양의 유무, 반듯한 선의 유무 등을 분류 기준으로 정할 수 있어요.

활동2  지문의 주인을 찾아보세요.

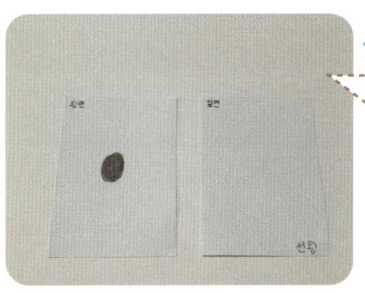

1 각자 자신의 지문을 지문용 스탬프를 이용해 종이에 찍고 종이 뒤에 이름을 적으세요. 종이 1장에 한 사람의 지문이 들어가야 해요.

TIP 한 사람이 여러 손가락을 이용해 여러 장 만들어도 좋아요.

2 지문이 찍힌 흰 종이를 모으고 지문의 주인이 누군지 알지 못하게 섞으세요.

TIP 지문을 섞을 때 눈을 감고 섞어 보세요.

3 지문 종이 뭉치에서 뒤에 적힌 이름이 보이지 않게 흰 종이를 하나 뽑으세요.

4 뽑은 지문을 관찰하고 지문의 주인을 짐작해 보세요.

TIP 지문의 주인은 다른 친구들에게 자신의 지문이라는 것을 들키지 않아야 해요.

모래가 돌이 되는 퇴적 마법

혼자서도 할 수 있어요 ☐
친구와 함께해요 ✔
부모님과 함께해요 ✔

퇴적암은 퇴적물이 단단하게 변해서 만들어지는 암석이에요. 모래가 굳어져 돌이 되면 사암, 흙이 굳어져 돌이 되면 이암, 흙이나 모래에 자갈이 섞여 굳어져 돌이 되면 역암, 조개껍데기나 산호 등이 퇴적되어 돌이 되면 석회암으로 불려요.

★ 준비물

- 자갈
- 모래(진흙)
- 색모래 2가지
- 종이
- 아래쪽에 구멍이 뚫린 쿠키 틀과 누름판
- 물풀(목공용 풀)
- 나무젓가락 4개

실험 시간	난이도	실험 위험도	관련 단원
40분	★★★★★	★★★☆☆	4학년 1학기 2단원 지층과 화석

활동 1 역암 모형을 만들어 보세요.

1 쿠키틀의 1/4 정도까지 자갈과 모래를 넣고 섞으세요.

TIP 모래 대신 흙을 사용해도 돼요. 자갈은 조금만 넣어요.

2 물풀을 모래의 반 정도 넣고 다시 골고루 섞어요. 물풀을 너무 많이 넣으면 굳어지는 데 오래 걸릴 수 있어요.

3 반죽을 누름판으로 꾹꾹 눌러 다져 주세요. 누름판이 없다면 종이를 깔고 그 위에 무거운 물체를 올려 두어요.

4 3일 정도 후에 굳어진 퇴적암 모형을 꺼내세요.

TIP
- 물풀과 모래의 양에 따라 굳는 데 걸리는 시간이 달라질 수 있어요.
- 구멍이 뚫린 쿠키 틀을 사용하면 3일이 지난 후에 굳어진 퇴적암 모형을 쉽게 빼낼 수 있어요.

활동2  층을 가진 사암 모형을 만들어 보세요.

1 종이컵 2개에 각각 다른 색깔의 색모래를 넣으세요.

TIP 집 주변의 흙도 함께 준비하면 이암층과 사암층이 번갈아 나타나는 지층 모형을 만들 수 있어요.

2 종이컵에 각각 물풀을 넣어 주고 나무젓가락으로 섞어 색모래 반죽을 만드세요.

3 플라스틱컵에 물풀이 섞인 색모래를 원하는 순서대로 넣으세요.

TIP 순서대로 넣을 때 꼭 모래의 양을 똑같이 해 줄 필요는 없어요. 지층도 두께가 얇은 층과 두꺼운 층이 있어요.

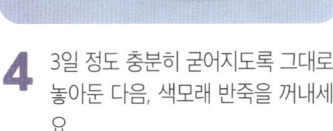

4 3일 정도 충분히 굳어지도록 그대로 놓아둔 다음, 색모래 반죽을 꺼내세요.

07 층층이 쌓여 있는 땅

혼자서도 할 수 있어요 ☐
친구와 함께해요 ☐
부모님과 함께해요ㅤ✓

퇴적암이 겹겹이 쌓여 층을 이룬 것을 지층이라고 해요. 각 층의 두께는 모두 다른데 몇 밀리미터에서 수킬로미터까지 매우 다양해요.

★ 준비물

실험 시간	난이도	실험 위험도	관련 단원
25분	★★☆☆	★★★☆☆	4학년 1학기 2단원 지층과 화석

활동 1 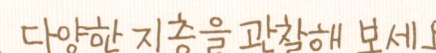 다양한 지층을 관찰해 보세요.

● 지층 사진을 검색하여 다양한 지층의 모습을 찾아보세요.

● 찾아본 지층의 모습(지층의 색, 알갱이의 크기, 층의 두께 등)을 관찰해 보세요.

● 지층의 다양한 모습(중간에 끊어진 지층, 휘어진 지층, 알갱이가 큰 지층, 알갱이가 작은 지층 등)을 관찰해 보세요.

활동 2  지층 모형을 만들어 보세요.

1 유리컵 3개에 각각 진흙+자갈, 진흙+모래, 모래+자갈을 넣으세요.

2 각각의 유리컵 내용물을 나무젓가락으로 섞으세요.

 **TIP** 너무 세게 저으면 유리컵이 깨질 수 있으니 조심해서 저어 주세요.

3 각각의 유리컵에 물을 넣고 잘 섞이도록 휘저은 다음 가라앉을 때까지 기다리며 관찰하세요. 3개의 유리컵 안에 든 내용물을 아무것도 들어 있지 않은 새 유리컵에 차례로 옮기고 가라앉을 때까지 기다리며 관찰하세요.

4 3개의 유리컵 내용물이 모두 섞인 지층 모형을 관찰해 보며 지층이 만들어지는 과정을 생각해 보세요.

 **TIP** 지층은 층마다 두께가 얇은 지층, 두꺼운 지층, 모래만 있는 지층, 모래와 자갈이 섞인 지층 등 다양한 지층이 있어요. 다양한 모양의 지층을 만들어 보세요.

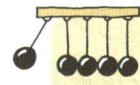 **아꿈선이 알려주는 재미있는 과학이야기**

지층은 지구의 비밀 일기장이에요. 지층은 과거의 토양이 쌓인 것이기 때문에 지층을 분석하면 과거의 지구를 알 수 있어요. 이루고 있는 암석의 종류, 색깔, 층의 두께 등을 보면 옛 땅의 모습을 알 수 있어요. 같은 장소라도 시기마다 퇴적되는 물질이 다르며, 지층의 깎여 나간 모습, 구부러진 정도 등을 보면 무슨 사건이 생겼는지도 알 수 있어요. 지층을 통해 우리가 서 있는 곳이 옛날에 바다였는지, 산이었는지, 사막이었는지 생각하면서 옛 지구의 모습을 상상할 수 있어요. 거기에 지층에는 화석도 있어요. 화석이 발견될 경우 해당 지역의 생태계를 알 수 있는데 이를 통해 과거에 있었던 5번의 대멸종을 알아냈어요.

08 아주 오래전에 살았던 생물

혼자서도 할 수 있어요 ✓
친구와 함께해요 ☐
부모님과 함께해요 ☐

화석은 1만 년보다 더 오래전에 살았던 생물의 몸체나 그 생물이 활동한 흔적을 말해요. 대부분 화석은 생물이 사라지고 돌로 변질된 것이에요. 하지만 드물게 얼음에 갇힌 매머드나 호박 속의 곤충처럼 생물의 신체가 남아 있는 경우도 있어요.

★ 준비물

색연필 / 종이 / 다양한 화석이 담긴 책

실험 시간	난이도	실험 위험도	관련 단원
30분	★★☆☆☆	★☆☆☆☆	4학년 1학기 2단원 지층과 화석

활동 1 화석을 관찰해 보세요.

● 화석을 관찰하면서 특징을 찾아보세요. 동물 화석과 식물 화석을 구분하고 오늘날 살고 있는 동물이나 식물과 비교하여 비슷한 부분이 있는지 생각해 보세요.

활동2 🔬 화석이 살아 있는 모습을 상상해 보세요.

● 화석을 관찰하며 화석이 살아 있는 환경(바다 속, 사막, 눈이 많이 오는 곳 등)을 생각해 보세요.
그리고 이를 바탕으로 화석이 살아 있을 때의 모습을 그려 보세요.

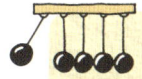 **아꿈선이 알려주는 재미있는 과학이야기**

우리나라에는 공룡 발자국 화석이 많이 남아 있어요. 공룡마다 발자국이 달라서 발자국을 보면 어떤 공룡인지 알 수 있어요. 육식공룡(수각류)의 발자국 화석은 창 모양으로 발가락 끝에 날카로운 발톱 자국이 남아 있어요. 몸집이 큰 목 긴 공룡(용각류) 발자국은 코끼리처럼 둥근 모양이 많아요. 발가락으로 걸어 다녔기 때문에 3개의 발가락이 보이는 좁고 뾰족한 모양의 화석이에요. 두 발로 걷는 초식 공룡(조각류)은 발가락이 3갈래로 나뉘어 삼지창 모양을 하고 있어요. 우리나라에는 3종류의 발자국이 모두 있어요.

이쑤시개로 발굴하는 초콜릿 화석

혼자서도 할 수 있어요 ✓
친구와 함께해요 ✓
부모님과 함께해요 ☐

대부분의 화석은 동물의 몸체나 흔적이 흙, 모래 등과 함께 퇴적되어 돌이 된 것이에요. 화석은 지층 속에서 발견이 돼요.

★ 준비물

- 이쑤시개
- 초콜릿 조각이 박힌 과자
- 흰 종이

실험 시간	난이도	실험 위험도	관련 단원
25분	★★★★☆	★☆☆☆☆	4학년 1학기 2단원 지층과 화석

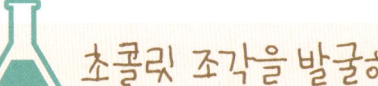 초콜릿 조각을 발굴해 보세요.

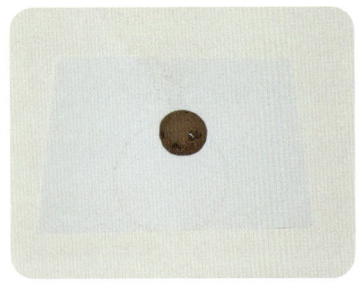

1 책상 위에 흰 종이를 깔고 초콜릿 조각이 박힌 과자를 올려 두세요.

2 초콜릿 조각이 박힌 과자를 관찰하며 과자 속에 들어 있는 초콜릿 조각의 개수와 위치를 생각해 보세요.

3 이쑤시개를 사용하여 과자에서 초콜릿 조각을 떼어 내세요.

4 떼어 낸 초콜릿을 한곳에 모으세요.

5 초콜릿에 붙어 있는 과자 조각을 이쑤시개를 사용해 떼어 내세요.

6 발굴한 초콜릿 조각의 개수를 세어 보고, 초콜릿 조각의 모양을 관찰해 보세요. 관찰한 내용을 바탕으로 발굴한 초콜릿 조각을 그려 보세요.

활동2  실제 발굴과 실험의 공통점을 찾아보세요.

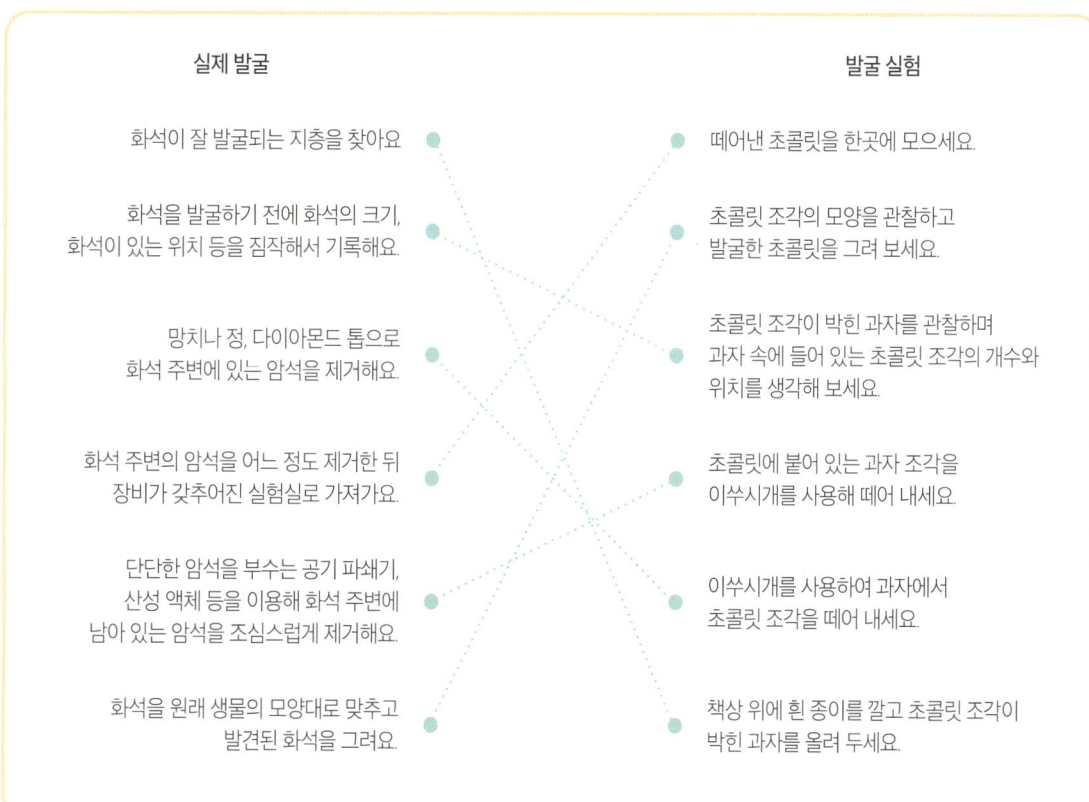

실제 발굴	발굴 실험
화석이 잘 발굴되는 지층을 찾아요	떼어낸 초콜릿을 한곳에 모으세요.
화석을 발굴하기 전에 화석의 크기, 화석이 있는 위치 등을 짐작해서 기록해요.	초콜릿 조각의 모양을 관찰하고 발굴한 초콜릿을 그려 보세요.
망치나 정, 다이아몬드 톱으로 화석 주변에 있는 암석을 제거해요.	초콜릿 조각이 박힌 과자를 관찰하며 과자 속에 들어 있는 초콜릿 조각의 개수와 위치를 생각해 보세요.
화석 주변의 암석을 어느 정도 제거한 뒤 장비가 갖추어진 실험실로 가져가요.	초콜릿에 붙어 있는 과자 조각을 이쑤시개를 사용해 떼어 내세요.
단단한 암석을 부수는 공기 파쇄기, 산성 액체 등을 이용해 화석 주변에 남아 있는 암석을 조심스럽게 제거해요.	이쑤시개를 사용하여 과자에서 초콜릿 조각을 떼어 내세요.
화석을 원래 생물의 모양대로 맞추고 발견된 화석을 그려요.	책상 위에 흰 종이를 깔고 초콜릿 조각이 박힌 과자를 올려 두세요.

10 돌이 되어 버린 조개

혼자서도 할 수 있어요 ☐
친구와 함께해요 ☐
부모님과 함께해요 ☑

퇴적물 사이에 묻혀 있던 생물의 유해가 지하수에 의해 녹아 없어지면, 없어진 빈 공간이 진흙 등의 물질로 채워져요. 채워진 물질이 수만 년에 걸쳐 굳어져 돌이 되면 화석이 돼요.

★ 준비물

- 찰흙 반대기
- 찰흙판(접시)
- 종이컵
- 나무젓가락
- 조개껍데기
- 알지네이트 가루
- 물

실험 시간	난이도	실험 위험도	관련 단원
30분	★★☆☆☆	★★★☆☆	4학년 1학기 2단원 지층과 화석

활동 1  화석 모형을 만들어 보세요.

1 찰흙 반대기에 조개껍데기를 올려놓고 손으로 눌렀다가 떼어 내세요.

TIP 조개껍데기 대신에 치킨을 먹고 난 닭 뼈나 나뭇잎, 자신의 손등을 사용할 수 있어요.

2 종이컵에 물 12mL, 알지네이트 가루 10g을 넣고 나무젓가락으로 섞으세요.

TIP 알지네이트 반죽은 상온에서 쉽게 굳으니 실험 직전에 만드세요. 알지네이트 가루와 물의 비율은 1:1.2가 적당해요.

TIP
화석 모형에 찰흙이 붙어 있다면 물로 씻어서 떼어 내면 좋아요.

3 찰흙 반대기에 생긴 조개껍데기 자국이 모두 덮이도록 알지네이트 반죽을 부으세요. 4~5시간 정도 알지네이트가 다 굳을 때까지 기다리세요.

4 알지네이트가 다 굳으면 알지네이트를 찰흙 반대기에서 떼어 내세요.

활동2  화석 모형을 관찰해 보세요.

1 만든 화석 모형을 관찰해 보세요.

2 조개껍데기와 화석 모형을 비교해 보세요.

 **아꿈선이 알려주는 재미있는 과학놀이**

가족과 함께 나만의 손가락 화석을 만들어 보세요.

1. 찰흙으로 직육면체를 만들어요. 찰흙은 손가락이 들어갈 정도 크기면 돼요.
2. 찰흙 가운데에 집게손가락을 끝까지 집어넣어요.
3. 모양이 망가지지 않게 손을 천천히 빼내세요.
4. 찰흙에 뚫린 손가락 모양의 구멍에 알지네이트 반죽을 넣어요.
5. 4~5시간 정도 알지네이트가 다 굳을 때까지 기다려요.
6. 알지네이트가 다 굳으면 알지네이트를 찰흙 반대기에서 떼어 내세요.
7. 나만의 손가락 화석이 만들어져요.

11 알쏭달쏭 여러 가지 씨

혼자서도 할 수 있어요 ☑
친구와 함께해요 ☐
부모님과 함께해요 ☑

씨는 어린 식물체가 들어 있어 장차 자라서 새로운 식물이 될 부분을 말해요. 씨 속에는 식물의 뿌리, 잎, 떡잎, 줄기와 함께 식물의 성장에 필요한 양분이 들어 있어요.

★ 준비물

돋보기
자
여러 가지 씨앗

실험 시간	난이도	실험 위험도	관련 단원
10분	★★☆☆☆	★☆☆☆☆	4학년 1학기 3단원 식물의 한살이

활동1 여러 가지 씨를 관찰해 보세요.

1 흰 종이 위에 여러 가지 씨앗을 올려 두세요.

 TIP
다양한 종류의 씨앗을 준비하세요. 야자류의 씨앗은 길이가 10~20cm나 돼요. 고소한 땅콩도 씨앗이에요.

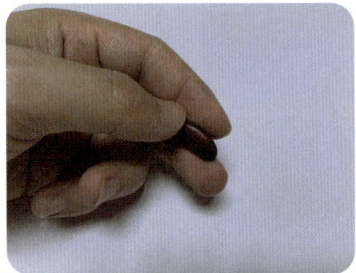
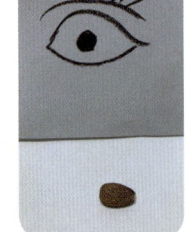

2 여러 가지 씨앗을 놓고 5가지 감각기관을 사용해 관찰해 보세요.

활동 2  관찰 도구를 이용해 관찰해 보세요.

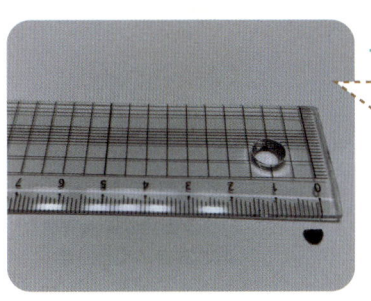

TIP
관찰한 내용을 공책에 바로 기록하는 습관을 가지면 좋아요

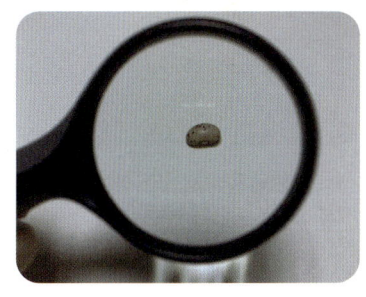

1 자를 이용해 크기를 비교해 보세요.

2 돋보기를 이용해 모양을 살펴보세요.

씨 이름	색깔	모양	크기

아꿈선이 알려주는 재미있는 과학놀이

가족과 함께 신나는 씨앗 열고개를 해 보세요.

1. 문제를 낼 술래를 1명 정해요.

2. 술래는 속으로 씨앗을 하나 생각해요.

3. 술래가 아닌 다른 사람들은 술래에게 물어보세요. 단 '예, 아니요'로만 대답할 수 있는 질문을 해야 해요.

4. 술래는 질문을 듣고 '예, 아니요'로만 대답해요.

5. 총 10번의 질문이 끝나면 다른 사람들은 술래가 생각한 씨앗이 무엇인지 맞혀요. 기회는 총 3번 있어요.

6. 3번 안에 못 맞히면 술래 승리, 3번 안에 맞히면 다른 사람들이 이겨요.

콩에서 나온 뿌리

혼자서도 할 수 있어요 ✓
친구와 함께해요 ☐
부모님과 함께해요 ✓

씨앗이 싹 트는 데는 물, 적당한 온도, 공기가 필요해요. 강낭콩 씨앗의 싹을 잘 트게 하려면 온도는 18~25℃가 되도록 하고, 물은 씨앗이 잠기지 않을 정도로 충분히 주세요. 강낭콩 싹이 나는 것에 빛의 유무는 관련이 없어요.

★ 준비물

- 투명한 플라스틱컵(유리컵) 2개
- 탈지면(거즈)
- 물
- 강낭콩(옥수수)

관찰 기간	난이도	실험 위험도	관련 단원
10일	★★★★☆	★★☆☆☆	4학년 1학기 3단원 식물의 한살이

활동 1  씨가 싹트는 환경을 꾸며 주세요.

1 투명한 플라스틱컵에 탈지면을 반 정도 채우세요.

2 한쪽 플라스틱컵에는 물을 주지 않고, 다른 플라스틱컵에는 물을 주세요.

TIP
물은 탈지면을 적시면서 아래에 살짝 고일 정도가 적당해요.

TIP 씨앗이 물을 충분히 흡수하도록 강낭콩을 미리 하루 전에 물에 불려 놓으면 더욱 싹이 잘 나요.

3 강낭콩을 각각의 플라스틱컵 위에 올려 두세요.

활동2 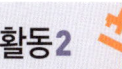 씨가 싹트는 과정을 관찰해 보세요.

1 물을 준 강낭콩과 물을 주지 않은 강낭콩 모두 햇빛이 잘 비치는 창가에 나란히 두세요. 관찰할 시간과 관찰 초점을 정하세요. 예) 매일 아침 8시, 강낭콩 뿌리의 변화, 강낭콩의 크기 변화

2 매일 정해진 시간에 강낭콩의 모습을 관찰하고 그림을 그려 보세요.

 TIP
- 보통 7~10일 정도 지나면 싹이 나요.
- 싹이 나는 과정 : 강낭콩이 부풀어요. → 맨들맨들하던 강낭콩의 껍질에 주름이 생겨요. → 강낭콩 가운데 흰점 부근에서 뿌리가 나와요. → 흰점 부근에서 뿌리가 많이 나와요. → 구부러진 줄기가 나와요. → 떡잎 2장이 나와요. → 껍질이 벗겨지면서 떡잎 2장 사이로 본잎이 나와요.

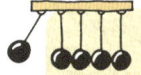 **아꿈선이 알려주는 재미있는 과학놀이**

가족과 함께 이름 짓기 놀이를 해 보세요.

1. 싹이 난 강낭콩의 모습을 관찰해요.
2. 관찰을 바탕으로 강낭콩이 가진 특징을 생각해 보세요.
3. 관찰한 내용 등을 바탕으로 강낭콩의 이름을 생각해요.
4. 종이 1장에 이름을 적고 종이를 2번 접어요. 생각한 이름이 많다면 여러 장을 만들어도 돼요.
5. 접은 종이를 한곳에 모아 제비뽑기를 해요. 정해진 강낭콩의 이름을 화분에 적어요.

13 냉장고 속 식물

혼자서도 할 수 있어요 ☑
친구와 함께해요 ☐
부모님과 함께해요 ☑

식물이 자라는 데는 햇빛, 물, 적당한 온도, 공기, 양분이 필요해요. 식물은 햇빛을 받아 잎에서 양분을 만들어요. 식물이 햇빛을 받지 못하면 양분을 만들지 못하여 잘 자라지 못하게 돼요.

★ 준비물

→ 유리잔(분무기, 물뿌리개)

→ 식물이 비슷한 크기로 자란 화분 2개

관찰 기간	난이도	실험 위험도	관련 단원
20일	★★★☆☆	★☆☆☆☆	4학년 1학기 3단원 식물의 한살이

활동 1  식물이 자라는 데 필요한 조건을 알아보세요. (물)

 TIP
· 잎과 줄기의 변화를 잘 관찰해 보세요.
· 관찰을 할 때 사진을 찍어 두면 더욱 쉽게 비교할 수 있어요

1 물을 준 화분과 물을 주지 않은 화분이 어떻게 될지 예상해 보세요. 비슷한 크기로 자란 화분 2개 중에 한 화분은 물을 적당히 주고, 다른 화분은 물을 주지 마세요.

2 물을 준 화분과 물을 주지 않은 화분을 나란히 햇빛이 잘 비치는 창가에 두세요. 1주일 동안 매일 두 식물이 자라는 모습을 관찰해 보세요.

활동 2  식물이 자라는 데 필요한 조건을 알아보세요. (온도)

1 적당한 온도에 둔 화분과 낮은 온도에 둔 화분이 어떻게 될지 예상해 보세요. 햇빛을 받을 시간을 정하고 정해진 시간에 두 화분을 나란히 햇빛이 잘 비치는 창가에 두세요.

2 햇빛을 받고 나면 화분 하나는 방 안에 두고, 화분 하나는 냉장고의 냉장실에 두세요. 1주일 동안 매일 식물이 자라는 모습을 관찰해 보세요.

TIP 햇빛을 받을 시간은 아침에 일어날 때와 학교에서 집으로 돌아올 때로 정하면 좋아요. 시간은 바꿀 수 있어요. 중요한 건 한쪽만 햇빛을 받는 게 아니라 두 화분이 똑같이 햇빛을 받아야 해요.

TIP 둘 다 물을 2~3일에 한 번씩 줘야 해요. 받는 햇빛의 양은 두 화분이 똑같아야 하기 때문에 방 안에 둔 화분을 햇빛이 닿지 않는 장소에 두어야 해요.

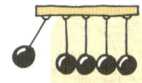 **아꿈선이 알려주는 재미있는 과학이야기**

사람이 아기로 태어나서 어린이, 청소년, 청년, 중년을 거쳐 노인이 되어 일생을 마치듯, 식물에게도 한살이 과정이 있어요. 씨앗은 적당한 환경이 되면 싹을 틔워 새싹으로 자라나고, 잎과 줄기를 키우며 꽃 피울 준비를 해요. 식물에 따라 꽃을 피우는 데 걸리는 기간은 다양한데 어떤 식물은 이내 꽃을 피우지만, 어떤 식물은 몇 년에 걸쳐 자란 후 꽃을 피우기도 해요. 이렇게 식물은 꽃을 피워 씨와 열매를 만들고 후손을 남겨요. 이 한살이 과정을 1년 안에 끝마치고 죽는 식물은 한해살이식물이라고 하고, 여러 해 동안 사는 식물은 여러해살이식물이라고 불러요.

14 내가 해 주는 식물 신체검사

혼자서도 할 수 있어요 ✔
친구와 함께해요 ☐
부모님과 함께해요 ✔

강낭콩의 잎이 나오는 순서는 다음과 같아요. ① 싹 튼 후, 2장의 떡잎이 나옴. ② 2장의 본잎이 1장씩 마주보고 나오고, 곧 떡잎은 시들어서 떨어짐. ③ 잎과 줄기 사이에서 잎자루가 하나 나오고 3장의 잎이 붙어서 남. ④ 겹잎이 3장씩 계속 나옴.

★ 준비물

- 자
- 식물이 자라고 있는 화분
- 네임펜

관찰 기간	난이도	실험 위험도	관련 단원
30일	★★★★☆	★☆☆☆☆	4학년 1학기 3단원 식물의 한살이

활동 1  강낭콩의 잎이 자라는 모습을 측정해 보세요.

1 강낭콩이 자라는 30일 동안 잎의 개수를 세어요.

2 30일 동안 잎의 길이를 재어요. 지면에서부터 새순이 난 바로 아래까지의 길이를 측정하면 좋아요.

3 30일 동안 잎에 선을 그려 재어요. 잎에 가로세로 1cm 선을 그린 후 선이 얼마나 길어지는지 측정하면 좋아요.

활동2  강낭콩의 줄기가 자라는 모습을 측정해 보세요.

1 30일 동안 줄기의 길이를 재어요. 화분 흙에서부터 줄기 끝부분까지의 길이를 측정하면 좋아요.

2 30일 동안 줄기의 개수를 세어요. 새로 돋아나는 가지의 숫자를 세면 좋아요.

3 30일 동안 줄기에 선을 그려 재어요. 줄기에 1cm 간격의 두 선을 그어 두 선의 간격이 얼마나 길어지는지 측정하면 좋아요.

활동3  잎과 줄기의 자란 정도를 측정해 보세요.

● 30일 동안 3일 간격으로 줄기와 잎의 자란 정도를 측정해서 기록해 보세요.

측정 날짜	잎의 개수	잎의 변화	줄기의 길이 측정하기	줄기의 변화
월 일	개		cm	
월 일	개		cm	
월 일	개		cm	

아꿈선이 알려주는 재미있는 과학이야기

감자는 뿌리일까요? 줄기일까요? 감자는 줄기가 변형된 것이에요. 줄기는 다양한 종류가 있는데 이중 광합성을 통해 양분을 저장하는 줄기를 저장줄기라고 해요. 저장줄기에는 감자, 토란, 마늘 등이 있어요. 줄기의 일부가 가시로 변해 초식동물로부터 몸을 보호하는 가시줄기도 있어요. 가시줄기에는 탱자나무, 주엽나무 등이 있어요. 또한 알줄기를 통해 번식하는 번식줄기도 있어요. 번식줄기에는 참나리, 마 등이 있어요.

15 알록달록 꽃과 열매

혼자서도 할 수 있어요 ☑
친구와 함께해요 ☐
부모님과 함께해요 ☑

꽃과 열매는 식물의 생식기관이에요. 일반적으로 꽃은 꽃잎, 꽃받침, 암술, 수술로 이루어져요. 열매의 껍질 부분에 당분과 수분이 많이 저장되어 맛있게 먹을 수 있는 열매를 과일이라고 불러요.

★ 준비물

다양한 꽃

꽃이 피기 시작한 화분

다양한 열매

관찰 기간	난이도	실험 위험도	관련 단원
10일	★★★☆☆	★☆☆☆☆	4학년 1학기 3단원 식물의 한살이

활동 1 꽃의 변화를 관찰해 보세요.

TIP
꽃은 줄기와 잎이 붙어 있는 사이에 핍니다. 1그루에 있는 꽃의 개수를 세어 보세요.

1. 꽃이 핀 모양을 관찰해 보세요. 꽃의 색깔은 분홍색, 흰색, 자주색 등 여러 가지이며, 꽃잎 중 1장은 유난히 큽니다.

2. 꽃이 어느 부분에 붙어 있는지 살펴보세요.

TIP
- 꽃의 변화 : 꽃망울이 2~3개 생겨요. → 꽃망울의 수가 점점 많아지고, 꽃이 피기 시작해요.
- 꽃의 관찰 결과 : 암술(1개), 수술(10개), 꽃잎(5장), 꽃받침(1개)이 있어요. 꽃은 줄기와 잎이 붙어 있는 사이에 피어요.
- 이 외 꽃의 향기, 꽃잎의 길이, 꽃잎끼리 붙어 있는지 등을 관찰할 수 있어요.

3 꽃 하나를 정해 자세히 조사해 보세요.

활동 2  열매의 변화를 관찰해 보세요.

1 꼬투리의 변화 과정을 관찰해 보세요. 꽃이 떨어진 자리에 꼬투리가 생김. → 꼬투리의 길이가 길어지고 두께도 두꺼워짐.

2 꼬투리와 씨앗을 관찰해 보세요.

TIP
강낭콩 꼬투리 1개 안에는 보통 4~5개 정도의 씨앗이 들어 있어요. 이 외 꼬투리의 길이, 강낭콩의 길이, 색깔 등을 관찰할 수 있어요.

아꿈선이 알려주는 재미있는 과학이야기

세상에서 가장 큰 꽃은 무엇일까요? 라플레시아와 타이탄 아룸이라는 두 후보가 있어요. 동남아시아 섬 지역에 있는 라플레시아는 꽃의 지름이 약 1m에 달하고, 무게가 10kg 정도예요. 지독한 악취를 풍겨 '시체꽃'이라 불리는데, 이것은 번식을 위해서예요. 고약한 냄새를 좋아하는 파리들을 악취로 유인하여 꽃가루를 이동시켜요. 타이탄 아룸은 인도네시아 등 열대 지방에서 자라는 식물로 무게가 100kg에 달해요. 식물의 중앙은 긴 기둥 모양이고 이 아랫부분에 수많은 작은 꽃이 모여 있는데 이 꽃도 고기나 시체가 썩은 악취를 풍겨요. 타이탄 아룸이 훨씬 무겁고 키도 크지만, 작은 꽃이 모여 하나의 꽃처럼 보이는 것이라서 하나의 꽃으로 되어 있는 라플레시아와 어떤 꽃이 제일 큰 꽃인지 아직 다투고 있어요.

16 도전! 인간 전자저울

혼자서도 할 수 있어요 ✓
친구와 함께해요 ☐
부모님과 함께해요 ✓

무게는 물건의 무거운 정도를 말해요. 저울을 사용해 물체의 무게를 측정하는 까닭은 같은 물체여도 사람마다 느끼는 무거움이 다를 수 있어서 다양한 문제점이 일어날 수 있기 때문이에요.

★ 준비물

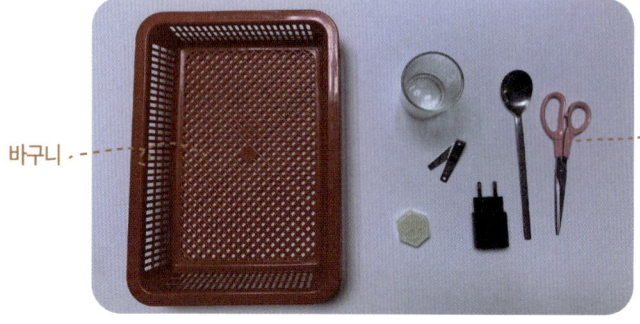

바구니 / 여러 가지 물체

실험 시간	난이도	실험 위험도	관련 단원
10분	★☆☆☆☆	★☆☆☆☆	4학년 1학기 4단원 물체의 무게

활동 1 여러 물체를 손으로 들어 보고 무거운 순서를 정해 보세요.

1 방 안의 여러 가지 물체를 바구니에 담으세요.

2 바구니에 넣은 물체를 손으로 들어 보세요.

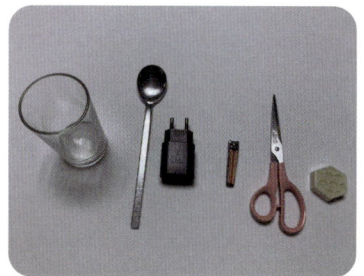

3 물체를 무거운 순서대로 배열해 보세요.

활동 2  주변의 물체 무게를 재어 보세요.

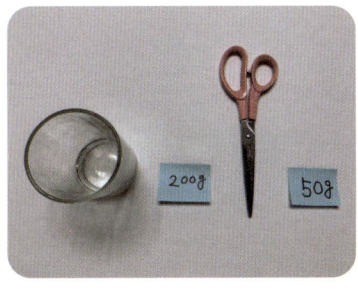

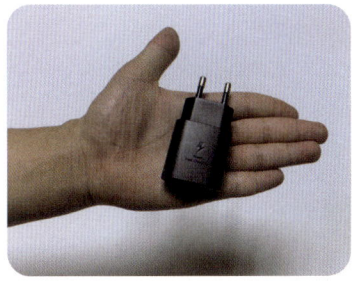

1 자신이 가져온 물체 중 무겁다고 생각하는 두 물체의 무게를 재어 보세요.

2 가장 무거운 물체와 그 다음 무거운 물체의 무게를 비교해 보세요.

3 두 물체 차이를 생각하며 다른 물체를 손으로 들어 보며 무게를 예상해 보세요.

물체 이름	예상한 무게	측정한 무게	오차

아꿈선이 알려주는 재미있는 과학놀이

가족과 함께 알쏭달쏭 무게 맞히기 놀이를 해 보세요.

1. 모두가 네모난 상자를 하나씩 가지고 와요.
2. 방을 돌아다니면서 상자 안에 물체를 넣어요. 물체를 많이 넣거나 하나도 넣지 않아도 돼요.
3. 다 함께 모이면 1명씩 나와 상자를 들며 무거운 척 혹은 가벼운 척 연기를 해요.
4. 가족들은 연기하는 사람들의 표정이나 몸동작을 통해 어느 정도 무거운 상자를 들고 있는지 생각해요.
5. 각자 다른 사람이 들고 있는 상자가 가벼운 상자인지, 무거운 상자인지 맞혀 보세요.
6. 앞에 들고 있는 사람이 무거운 것인지, 가벼운 것인지 가장 많이 맞히는 사람이 승리해요.

17 무게와 용수철의 밀당

혼자서도 할 수 있어요 ✅
친구와 함께해요 ✅
부모님과 함께해요 ☐

용수철에 물체를 걸어 놓으면 용수철의 길이가 늘어나요. 용수철에 걸어 놓는 물체가 무거울수록 용수철은 많이 늘어나요. 이것은 지구가 추를 끌어당기는 힘, 즉 무게가 다르기 때문이에요.

★ 준비물

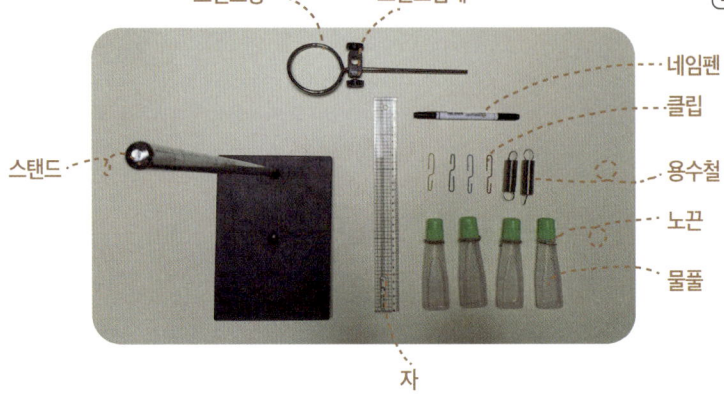

스탠드링 / 스탠드집게 / 네임펜 / 클립 / 용수철 / 노끈 / 물풀 / 자 / 스탠드

실험 시간	난이도	실험 위험도	관련 단원
20분	★★☆☆☆	★☆☆☆☆	4학년 1학기 4단원 물체의 무게

활동1  무게에 따른 용수철의 길이 변화를 관찰해 보세요.

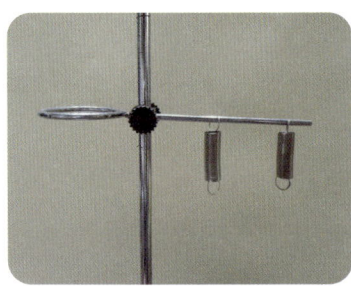

1 같은 용수철 2개를 각각 스탠드에 걸어 고정하세요.

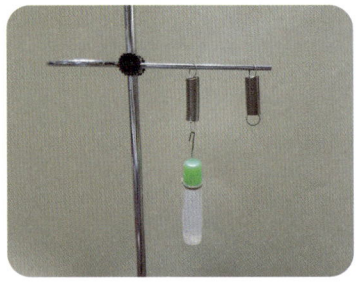

2 한 용수철 끝의 고리에 물풀을 걸고 늘어난 용수철의 길이를 확인하세요.

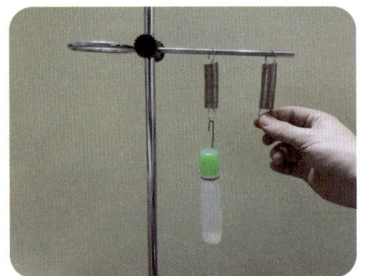

3 늘어난 용수철의 길이만큼 옆에 있는 용수철을 손으로 잡아당겨 물풀의 무거운 정도를 느껴 보세요.

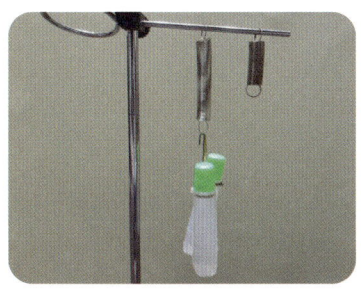
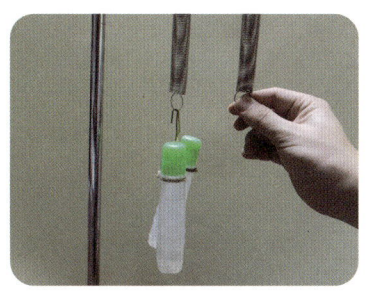

4 한 용수철 끝의 고리에 물풀 2개를 걸고 늘어난 용수철의 길이를 확인해 보세요.

5 늘어난 용수철의 길이만큼 옆에 있는 용수철을 손으로 잡아당겨 물풀의 무거운 정도를 느껴 보세요.

활동2  용수철이 늘어난 길이를 측정해 보세요.

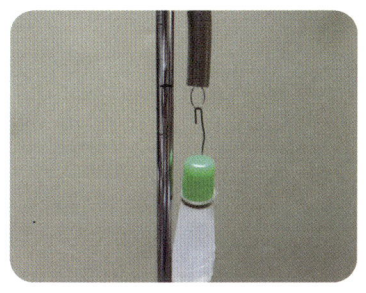
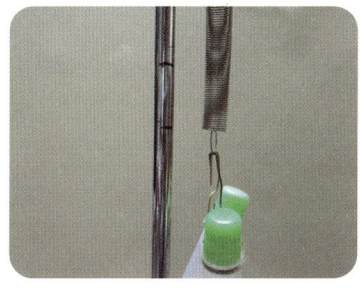
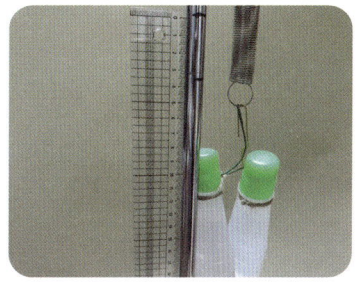

1 물풀 1개를 걸고 늘어난 위치에 네임펜으로 표시해 보세요.

2 물풀 2개를 걸고 늘어난 위치에 네임펜으로 표시해 보세요.

3 물풀을 하나씩 늘려 가며 늘어난 길이를 측정해 보세요. 물풀의 개수와 늘어난 용수철의 길이 사이에서 규칙성을 찾아보세요.

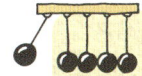 **아꿈선이 알려주는 재미있는 과학놀이**

친구와 함께 인간 용수철저울 놀이를 해 보세요.

1. 방 안을 돌아다니면서 용수철에 걸 수 있는 물체를 가져오세요.

2. 가져온 물체를 손으로 들며 무거운 정도를 추측해 보세요.

3. 용수철에 물체를 매달면 얼마나 늘어날지 짐작해 보고 각자 적으세요.

4. 용수철에 물체를 매달고 늘어난 용수철의 길이를 측정해 보세요.

5. 늘어난 용수철의 길이와 가장 가까운 사람이 승리해요.

18 줄어들었다 길어지는 용수철저울

혼자서도 할 수 있어요 ✔
친구와 함께해요 ☐
부모님과 함께해요 ☐

용수철은 손으로 잡아당기면 길이가 늘어나고, 잡았던 손을 놓으면 원래의 길이로 되돌아가는 성질을 가진 물체예요. 용수철저울은 물체의 무게에 따라 일정하게 늘어나거나 줄어드는 용수철의 성질을 이용해 만든 저울이에요.

★ 준비물

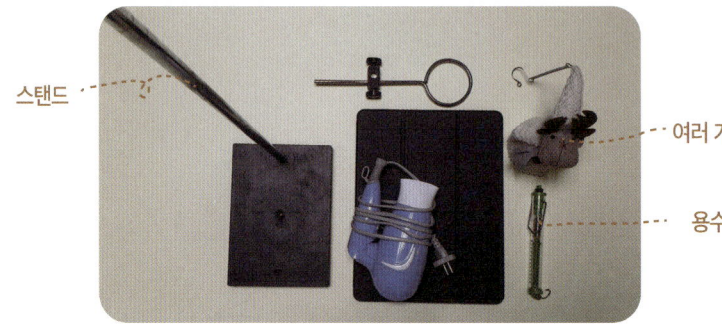

- 스탠드
- 여러 가지 물체
- 용수철저울

실험 시간	난이도	실험 위험도	관련 단원
10분	★☆☆☆☆	★★☆☆☆	4학년 1학기 4단원 물체의 무게

활동1 용수철저울을 관찰해 보세요.

● 용수철저울 각 부분의 이름을 확인해 보고, 눈금을 자세하게 관찰해 보세요.

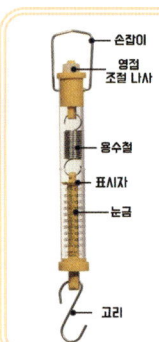

- 손잡이: 용수철저울을 걸 때 사용함.
- 영점 조절 나사: 아무것도 매달지 않았을 때 표시자가 눈금 '0'을 가리킬 수 있도록 조절할 때 쓰는 나사.
- 눈금 표시자: 가로로 된 선을 통해 쉽게 읽을 수 있게 되어 있는 부분.
- 눈금: 움직이며 물체의 무게를 가리킴, 일반적으로 g이나 kg으로 표시됨.
- 고리: 용수철저울에 재고자 하는 물체를 매달 때 사용함.
- 용수철저울에 표시된 작은 눈금과 큰 눈금 하나가 나타내는 무게가 얼마일지 생각해 보세요.

활동2  용수철저울로 물체의 무게를 측정해 보세요.

1 손으로 물체의 무게를 어림해 보세요.

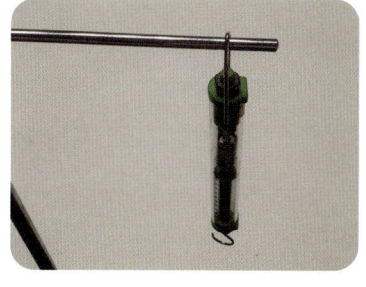

2 스탠드에 용수철저울을 거세요.

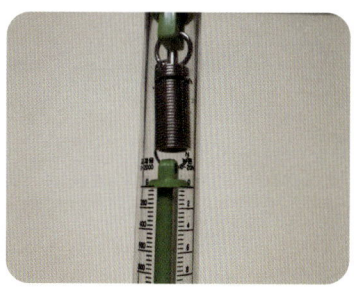

3 영점 조절 나사를 돌려 표시자를 눈금 '0'에 맞추세요.

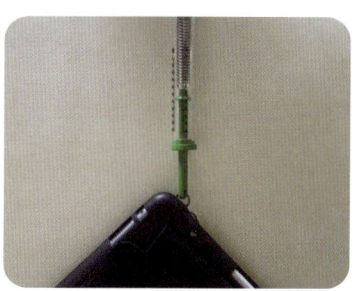

4 용수철저울의 고리에 측정하려는 물체를 매다세요. 용수철저울의 종류에 따라 조금씩 다르지만 일반적으로 용수철저울은 300g 이하의 무게는 측정하기 어려워요.

5 여러 가지 물체의 무게를 순서대로 측정해 보고 어림한 무게와 비교해 보세요.

TIP

물체의 무게를 측정하기 전에 표시자를 눈금의 '0'에 맞추어 놓는 것을 영점 조절이라고 해요. 영점을 조절하지 않으면 물체의 무게를 정확하게 측정할 수 없어요.

 **아꿈선이 알려주는 재미있는 과학이야기**

용수철로 어떻게 무게를 재는 걸까요? 용수철은 일정한 힘을 가하면 모양이 변형됐다가 그 힘을 제거하면 다시 본래의 모습으로 돌아오는 성질을 가지고 있어요. 이러한 성질을 탄성이라고 해요. 물체가 무거울수록, 즉 용수철을 잡아당기는 힘이 강할수록 용수철이 더 많이 늘어나게 되고 물체를 제거하면 다시 원래 모습으로 되돌아오게 돼요. 바로 이 성질을 이용해 무게를 잴 수 있어요.

시소에 숨겨진 무게의 비밀

혼자서도 할 수 있어요 ☑
친구와 함께해요 ☑
부모님과 함께해요 ☐

수평잡기를 할 때 같은 힘이라도 받침점에서 멀수록 힘이 더 커져요. 그래서 가벼운 물체는 받침점으로부터 멀리, 무거운 물체는 받침점에 가까이 하면 수평을 이룰 수 있어요.

★ 준비물

- 무게가 같은 나무토막 5개
- 숫자가 표시된 나무판자
- 받침대

실험 시간	난이도	실험 위험도	관련 단원
15분	★★★☆☆	★☆☆☆☆	4학년 1학기 4단원 물체의 무게

활동 1  수평을 잡아 보세요.

1 나무판자가 수평이 되도록 받침대에 올려 두세요.

2 무게가 같은 나무토막을 나무판자의 왼쪽과 오른쪽에 각각 하나씩 올려 수평을 잡아 보세요.

TIP
받침점이 나무판자의 가운데에 있는 경우 무게가 같은 물체로 수평을 잡으려면 각각의 물체를 받침점으로부터 같은 거리의 나무판자 위에 놓아야 해요.

활동 2  수평잡기의 원리를 알아보세요.

1 나무판자 왼쪽에는 나무토막을 1개, 오른쪽에는 2개를 올려 수평을 잡아 보세요.

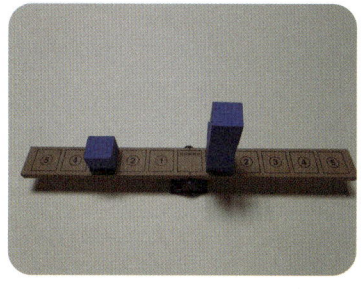

2 나무판자 왼쪽에는 나무토막을 1개, 오른쪽에는 3개를 올려 수평을 잡아 보세요.

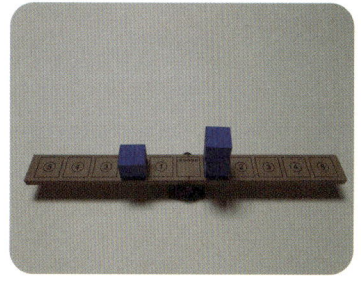

3 나무판자 왼쪽에는 2번 위치에, 오른쪽에는 1번 위치에 각각 적당한 수의 나무토막을 올려 수평을 잡아 보세요.

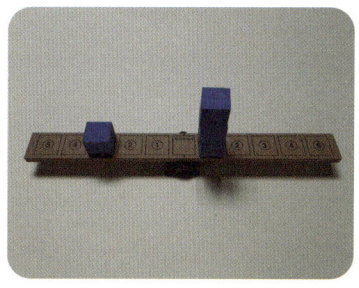

4 나무판자 왼쪽에는 3번 위치에, 오른쪽에는 1번 위치에 각각 적당한 수의 나무토막을 올려 수평을 잡아 보세요.

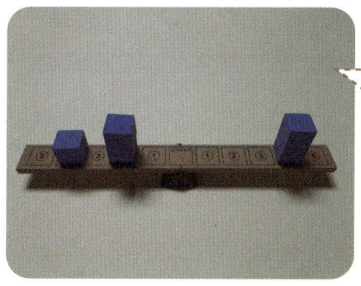

5 나무판자 왼쪽에는 나무토막을 3개, 오른쪽에는 2개를 올려 수평을 잡아 보세요.

TIP 무게가 다른 물체로 수평을 잡으려면 무거운 물체를 가벼운 물체보다 받침점에 더 가까이 놓아야 해요.

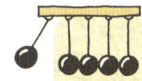 **아꿈선이 알려주는 재미있는 과학놀이**

친구와 함께 아슬아슬 수평잡기 놀이를 해 보세요.

1. 아무 물체나 물건을 2개 꺼내요. 단, 나무판자에 올려둘 수 있게 손바닥보다 작아야 해요.
2. 손으로 물체를 들며 무게를 어림해 보세요.
3. 나무판자에 물건을 올려 수평을 맞추세요. 이때 타이머를 이용해 수평을 맞추기까지의 시간을 재어 보세요. 수평은 손을 떼고 5초 이상 나무판자가 땅에 닿지 않아야 해요.
4. 수평을 가장 빠른 시간에 맞힌 사람이 승리해요.

20 빨대로 만드는 나만의 양팔저울

혼자서도 할 수 있어요 ☑
친구와 함께해요 ☑
부모님과 함께해요 ☐

양팔저울은 수평잡기의 원리를 이용해 만든 저울이에요. 양팔저울의 받침점(중심점)으로부터 같은 거리에 있는 저울 접시에 물체를 각각 올려놓았을 때 기울어진 쪽의 물체가 더 무거워요.

★ 준비물

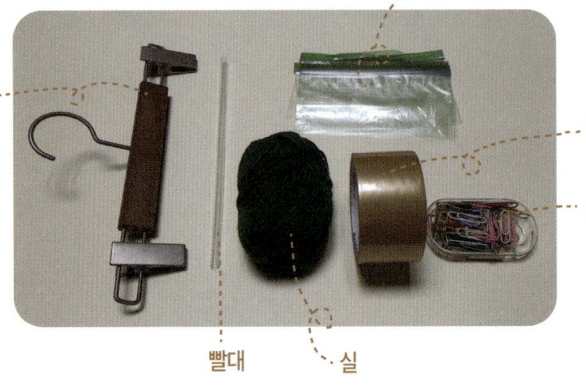

- 바지걸이
- 지퍼백 4개
- 테이프
- 클립
- 빨대
- 실

실험 시간	난이도	실험 위험도	관련 단원
30분	★★★☆☆	★☆☆☆☆	4학년 1학기 4단원 물체의 무게

활동 1  바지걸이를 이용해 양팔저울을 만들어 보세요.

1 클립을 지퍼백 가운데에 끼우세요.

2 바지걸이에 클립을 끼운 지퍼백을 거세요. 완성된 양팔저울로 물체의 무게를 측정해 보세요.

TIP
클립이 바지걸이 집게 가운데에 있어야 해요.

활동2  빨대를 이용해 양팔저울을 만들어 보세요.

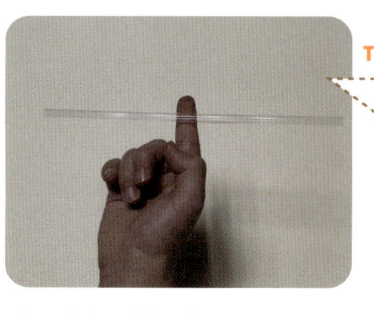

TIP 집게손가락 위에 빨대를 올려 두었을 때 수평이 맞춰지는 곳이 중심점이에요.

1 빨대를 집게손가락 끝에 올려 두어 빨대의 중심점을 찾아보세요.

2 빨대 중앙점에 실을 매다세요.

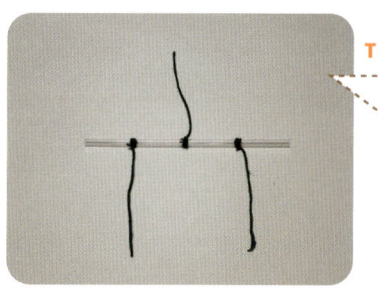

TIP 같은 길이의 실을 매달아요

3 나무막대기 양쪽에 달린 실에 지퍼백을 테이프로 붙이세요. 나만의 양팔저울을 이용해 물체의 무게를 비교해 보세요.

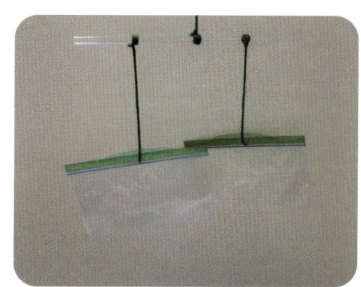

4 중앙점에서 손가락 2마디 정도만큼 떨어진 곳에 각각 실을 매다세요. 완성된 양팔저울로 물체의 무게를 측정해 보세요.

 **아꿈선이 알려주는 재미있는 과학놀이**

친구와 함께 인간 양팔저울 놀이를 해 보세요.

1. 무게를 잴 물건을 하나 정하세요. 물건은 연필 정도로 가벼운 물건이어야 해요.
2. 물체를 손으로 들어 보고 클립이 몇 개쯤 들어갈지 어림해요.
3. 2명 모두 어림이 끝나면 실제로 나만의 저울을 통해 비교해 보고 더 가깝게 어림한 사람이 승리해요.

21. 반짝반짝 빛나는 소금물 그림

혼자서도 할 수 있어요 ☐
친구와 함께해요 ☐
부모님과 함께해요 ☑

순물질은 순금, 물, 소금처럼 1가지 물질로만 이루어진 것을 말하고, 혼합물은 설탕물, 소금물, 잡곡밥처럼 순물질이 2가지 이상 섞인 것을 말해요.

★ 준비물

- 검은 종이
- 소금
- 종이컵(팔레트)
- 유리컵(물통)
- 물
- 크레파스
- 숟가락
- 나무젓가락
- 붓
- 헤어드라이어

실험 시간	난이도	실험 위험도	관련 단원
40분	★★★☆☆	★★★☆☆	4학년 1학기 5단원 혼합물의 분리

활동 1  소금물 그림을 그리기 위한 준비를 하세요.

1 투명한 플라스틱컵에 소금과 물을 섞으세요.

 TIP 소금물을 만들 때 26℃ 정도의 미지근한 물에 소금을 1.5:1 비율로 섞어 주세요. 아무리 저어도 소금이 더 이상 녹지 않을 때 소금물을 조금 덜어 원하는 색의 물감을 풀면 반짝이는 소금의 특징이 잘 살아나게 표현할 수 있어요.

2 소금물을 종이컵에 각각 따르고 각기 다른 색의 물감을 풀고 나무젓가락으로 저으세요.

활동 2  소금물 그림을 그려 보세요.

TIP
손으로 만져 보았을 때 매끈한 느낌이 나는 검은 종이를 사용해야 소금물 그림이 예뻐요.

1 검은 종이에 크레파스를 사용하여 그림을 그려 보세요.

2 물감을 탄 소금물로 그림을 색칠해 보세요.

3 물감을 탄 소금물로 바탕을 색칠해 보세요.

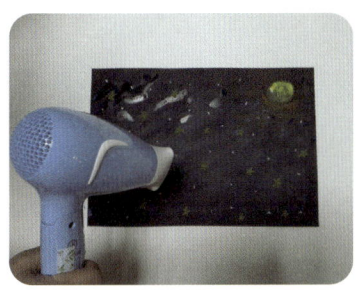

4 헤어드라이어를 이용해 그림을 말리세요.

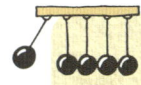
아꿈선이 알려주는 재미있는 과학이야기

소금물 그림은 왜 반짝일까요? 소금물에는 눈에 보이진 않지만 소금이 섞여 있어요. 헤어드라이어 등으로 소금물에 열을 가하면 물은 공기 중으로 날아가고(증발) 소금은 굳어서 결정이 돼요. 소금 결정은 완벽하게 평평한 면을 가진 정육면체 모양이에요. 이렇게 평평한 면들이 거울처럼 빛을 반사해 반짝거리게 돼요. 또한 소금은 아주 작은 입자나 굵은 입자로 남아 있어서 울퉁불퉁 독특하면서도 반짝반짝하는 신기한 그림이 완성돼요.

22 섞어서 더 맛있어지는 과자

혼자서도 할 수 있어요 ☐
친구와 함께해요 ☑
부모님과 함께해요 ☑

소금물, 콜라, 공기, 팥빙수 등에는 2가지 이상의 물질이 섞여 있어요. 혼합물에는 소금물처럼 두 물질이 골고루 섞여 있는 균일 혼합물이 있는가 하면, 팥빙수나 흙탕물과 같이 물질들이 고르게 섞여 있지 않은 불균일 혼합물이 있어요.

★ 준비물

- 나만의 간식 재료
- 초콜릿
- 눈가리개
- 숟가락
- 말린 과일
- 시리얼
- 큰 그릇

실험 시간	난이도	실험 위험도	관련 단원
40분	★★★★☆	★★★★☆	4학년 1학기 5단원 혼합물의 분리

활동 1  여러 가지 재료로 간식을 만들어 보세요.

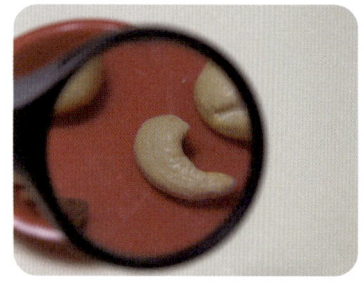

1 시리얼, 초콜릿, 말린 과일 등의 모양과 색깔을 관찰하고 맛을 보세요.

2 준비한 재료 중 2~3가지를 선택한 뒤 섞어서 간식을 만들어 보세요.

3 눈가리개로 눈을 가리고 여러 가지를 섞은 간식을 1숟가락 먹어 본 뒤에 재료를 알아맞혀 보세요.

활동2  다양한 재료가 섞인 팥빙수를 만들어 보세요.

1 우유를 틀에 넣고 얼리세요.

2 얼린 우유를 빙수기에 넣고 갈아 주세요.

3 곱게 간 우유 위에 딸기를 올리세요.

TIP 시리얼, 콩가루 등 기호에 따라 자신이 원하는 토핑을 올려 주세요.

4 연유를 적당히 뿌리세요. 눈가리개로 눈을 가리고 1숟가락 먹어 본 뒤에 들어간 재료를 알아맞혀 보세요.

 **아꿈선이 알려주는 재미있는 과학놀이**

가족과 함께 '음식 재료 맞히기' 놀이를 해 보세요.

1. 냉장고에서 다양한 반찬을 꺼내세요.
2. 반찬을 먹어 보면서 반찬에 들어간 재료를 말해 보세요.
3. 안에 들어간 재료를 더 이상 말하지 못하거나 틀리면 탈락이에요.
4. 마지막까지 남아 있는 사람이 승리해요.

23 섞여 버린 디폼 블록

혼자서도 할 수 있어요 ☑
친구와 함께해요 ☐
부모님과 함께해요 ☐

혼합물에서 원하는 물질을 분리하여 이를 필요한 곳에 이용할 수 있어요. 광산에서 금을 분리하여 반지나 목걸이 등을 만들거나, 바닷물에서 소금을 분리하여 음식을 만들 때 사용할 수 있어요.

★ 준비물

- 큰 그릇
- 디폼 블록
- 디자인 도안
- 플라스틱 접시

실험 시간	난이도	실험 위험도	관련 단원
30분	★☆☆☆☆	★☆☆☆☆	4학년 1학기 5단원 혼합물의 분리

활동 1  혼합물을 분리하지 않은 상태에서 사용해 보세요.

1 큰 그릇에 담겨 있는 다양한 색깔의 디폼 블럭을 관찰해 보세요.

2 디폼 블록 디자인 도안을 준비하세요.

3 다양한 색깔이 섞인 큰 그릇에서 디폼 블록을 꺼내며 디자인 도안을 완성해 보세요.

활동 2  혼합물을 분리한 상태에서 사용해 보세요.

TIP 만들면서 혼합물을 분리하지 않았을 때와 비교해서 어떤 점이 다른지 생각해 보세요.

1 디폼 블럭을 큰 그릇에서 골라 종류별로 플라스틱 접시에 나누어 담으세요.

2 색깔이 구분되어 있는 플라스틱 그릇에서 디폼 블록을 꺼내며 디자인 도안을 완성해 보세요.

활동 3  혼합물을 분리해서 사용하는 경우를 알아보세요.

1 금광석에서 분리한 금으로 금귀걸이를 만들어요.

2 원유에서 분리한 휘발유로 자동차를 움직여요.

 **아꿈선이 알려주는 재미있는 과학이야기**

생활 속 곳곳에서 혼합물을 분리하는 방법이 사용되고 있어요. 가게에서 파는 귤은 크기별로 구분되어 있어요. 그런데 귤을 일일이 사람의 힘으로 분리하기에는 시간이 많이 걸려요. 이를 위해 선별기를 이용해서 귤을 크기별로 분류해요. 뒤로 갈수록 점점 구멍의 크기가 커지는 선별기에 귤을 넣으면 귤이 선별기 위를 지나가면서 작은 것부터 차례로 빠져나와 크기별로 분류돼요. 우유로 만든 생크림과 버터, 치즈도 혼합물 분리를 이용한 것이에요. 먼저 우유를 계속 돌리면 우유에서 지방이 거품 형태로 분리돼요. 이 거품이 생크림이고, 버터는 이 생크림을 더욱 세게 휘저어 엉기게 한 뒤에 굳혀서 만들어요. 그리고 치즈는 우유를 굳혀 단백질을 분리하여 만들어요.

24 눈에 보이지 않는 소금

혼자서도 할 수 있어요 ☐
친구와 함께해요 ☐
부모님과 함께해요 ☑

소금과 모래 혼합물을 분리할 때는 물에 소금을 녹여 먼저 소금과 모래를 분리하고, 그다음에 소금물을 가열해 소금과 물을 분리해요. 이것은 소금이 물에 녹는 현상과 소금물을 가열할 때 물이 수증기로 변하는 현상을 이용한 것이에요.

★ 준비물

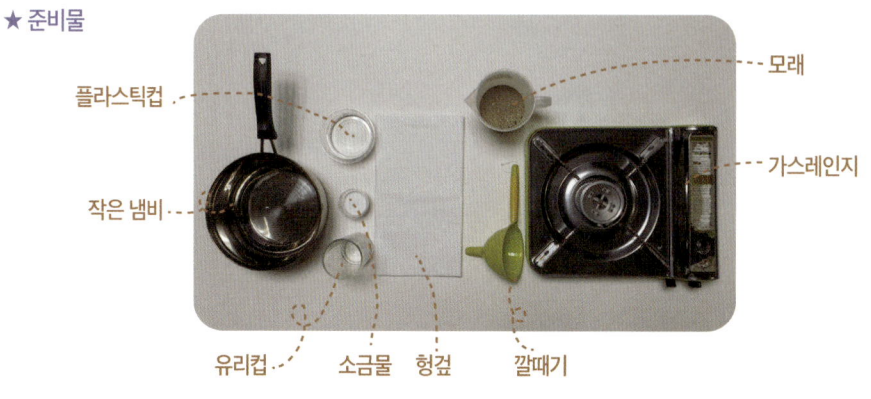

- 플라스틱컵
- 작은 냄비
- 유리컵
- 소금물
- 헝겊
- 깔때기
- 모래
- 가스레인지

실험 시간	난이도	실험 위험도	관련 단원
30분	★★★☆☆	★★★★★	4학년 1학기 5단원 혼합물의 분리

활동1 🧪 모래를 분리해 보세요.

1 소금과 모래를 오감을 사용해서 관찰해 보세요.

2 소금, 모래, 물을 섞어 혼합물을 만들어 보세요.

3 헝겊을 깔때기 안에 넣으세요. 깔때기에 물을 묻히면 헝겊이 잘 밀착돼요.

4 소금+물+모래의 혼합물을 깔때기에 천천히 부으세요.

5 거름종이에 남아 있는 물질을 관찰해 보세요.

활동2  소금을 분리해 보세요.

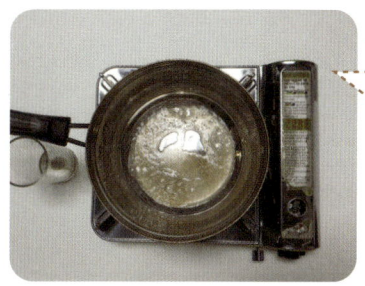 

1 걸러진 물질을 작은 냄비에 붓고 가스레인지로 가열하면서 나타나는 현상을 관찰해 보세요.

TIP 뜨거운 소금이 튀어 화상을 입을 수 있으니 가장 약한 불로 가열해 주세요.

2 냄비에 남아 있는 물질을 관찰해 보세요.

TIP 바로 만지면 뜨거워 화상을 입을 수 있기 때문에 촉감은 식은 다음에 관찰해야 해요.

아꿈선이 알려주는 재미있는 과학놀이

증발을 이용해서 음료수 속 물질을 알아보세요.

1. 콜라, 제로 콜라, 오렌지 주스 등 다양한 음료수를 준비하세요.

2. 각 음료수를 냄비에 넣고 뜨거운 불로 끓이세요.

3. 끓이고 난 후 생긴 물질을 눈과 코를 사용해 관찰해 보세요.

4. 끓이고 난 후 생긴 물질이 식은 뒤에 젓가락을 이용해 먹어 보세요.

25. 내가 만드는 재생 종이

혼자서도 할 수 있어요 ☐
친구와 함께해요 ☐
부모님과 함께해요 ☑

재생 종이는 버려지는 폐지를 사용해서 만든 종이예요. 복사를 할 때 재생 종이를 10%만 사용한다면 해마다 27만 그루, 약 3억 원이 넘는 돈을 아낄 수 있어요.

★ 준비물

- 종이 만들기 틀
- 종이죽
- 그릇
- 휴지
- 플라스틱컵
- 거름망
- 나무젓가락

실험 시간	난이도	실험 위험도	관련 단원
40분	★★★★★	★★★★☆	4학년 1학기 5단원 혼합물의 분리

활동 1  종이죽으로 재생 종이를 만들어 보세요.

1 플라스틱컵에 물을 반 정도 넣고, 종이죽을 넣으세요.

TIP 종이죽은 안 쓰는 종이를 잘게 찢어 물에 넣고 4~5시간 정도 불려 믹서기에 갈아 만들어요.

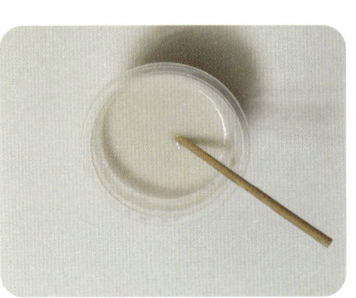

2 20분 정도 잘 저어 가며 종이죽을 완전히 녹이세요. 양파, 귤 등 천연 염색 원료를 사용하면 색상을 낼 수 있어요.

3 종이죽을 종이 만들기 틀에 천천히 부으세요.

TIP 쿠키틀을 종이 만들기 틀로 사용할 수 있어요

4 종이죽을 평평하게 눌러 주고 1~2일 정도 말려 주세요.

TIP 만든 재생 종이는 편지지로 활용해 보세요.

활동2 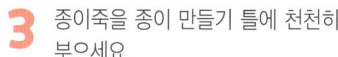 휴지로 재생 종이를 만들어 보세요.

1 쓴 휴지를 잘게 잘라 물이 든 플라스틱컵에 넣으세요.

2 그릇 안에 종이틀을 넣고 천천히 휴지로 만든 종이죽을 부으세요.

3 종이죽을 평평하게 눌러 주고 1~2일 정도 말려 주세요.

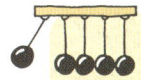 **아꿈선이 알려주는 재미있는 과학이야기**

소금과 물이 있다면 달걀 더미 속에서 신선한 달걀을 분리할 수 있어요. 대야에 물을 받아 놓고 달걀을 넣으세요. 소금을 넣어서 녹이면 신선한 달걀은 위에 떠 있고, 오래된 달걀은 가라앉아요. 물을 이용해서 떫은 감을 단감으로 만들 수도 있어요. 감의 떫은맛은 감 속에 있는 타닌 성분 때문인데요. 타닌은 물에 잘 녹는 성분이라 떫은 감을 물에 담가 놓으면 타닌 성분만 빼내고 맛있게 감을 먹을 수 있어요. 반대로 이 타닌 성분을 먹을 때가 있어요. 홍차와 녹차는 따뜻한 물로 찻잎 속에 있던 타닌을 우려낸 것이에요.

PART 2

4학년 2학기
교과서 따라잡는
재미있는 과학실험 놀이

26 꽃 편지 만들기

혼자서도 할 수 있어요 ☐
친구와 함께해요 ☐
부모님과 함께해요 ☑

분류는 여러 가지가 섞여 있는 가운데 종류가 같은 것끼리 모아서 나누는 것을 말해요. 분류를 할 때에는 한 번에 한 가지 기준에 따라서 나누고 기준은 자신이 정할 수 있어요. 잎의 생김새에 따라 식물을 여러 가지로 분류할 수 있어요.

★ 준비물

메시지 카드

돋보기
집 주변에서 수집한 꽃잎

탁상달력

실험 시간	난이도	실험 위험도	관련 단원
40분	★★★☆☆	★★★☆☆	4학년 2학기 1단원 식물의 생활

활동 1 잎의 생김새를 관찰해 보세요.

1 학교 주위나 집 주변에 있는 풀잎이나 나뭇잎을 채집해서 종이 위에 올려놓아요. 잎을 딸 때 "식물아 미안해!"라고 말해 주세요.

2 돋보기를 이용하여 잎의 생김새를 자세히 관찰해 보세요.

TIP
다음 질문들에 대한 답을 생각하면서 관찰하면 좋아요.
- 잎이 어떤 모양으로 생겼나요? 어떻게 보이나요?
- 잎의 끝이 뾰족한가요? 둥근가요?
- 잎의 가장자리 모양이 톱니 모양인가요? 손으로 만져 봤을 때 느낌이 어떤가요?
- 잎이 1개인가요? 여러 개인가요?

활동2  꽃 편지, 꽃 달력을 만들어 보세요.

TIP 목공풀은 떨어지기 쉬우므로 완전히 붙을 때까지 꼭 눌러 주세요

1 수집한 꽃잎의 뒷면에 목공풀을 발라 주세요.

2 메시지 카드에 꽃잎을 붙이세요.

3 메시지 카드에 전하고 싶은 말을 쓰세요.

4 소중한 나만의 아름다운 꽃 편지를 완성하세요.

5 남은 꽃잎의 뒷면에 목공풀을 바르고 탁상달력의 빈 부분에 붙이세요.

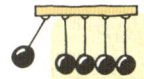 **아꿈선이 알려주는 재미있는 과학놀이**

가족과 함께 잎 분류 게임을 해 보세요.

1. 수집한 잎을 한곳으로 모으세요.
2. 가위바위보에서 이긴 사람이 잎을 분류하는데 그 기준은 말하지 않아요.
3. 분류 기준을 생각해 보고 가장 먼저 분류 기준을 찾은 사람이 손을 들고 분류 기준을 말해요. 말한 사람이 맞으면 그 사람이 다시 분류하고 나머지 사람들이 맞혀 보세요. 틀리면 다시 생각해 보세요. 가장 많이 분류 기준을 맞힌 사람이 이겨요.

27. 나만의 압화 작품 만들기

- 혼자서도 할 수 있어요 ☐
- 친구와 함께해요 ☐
- 부모님과 함께해요 ☑

들이나 산에는 민들레, 강아지풀, 토끼풀, 명아주 등과 같은 풀과 소나무, 밤나무, 떡갈나무, 단풍나무 등과 같은 나무가 살고 있어요.

★ 준비물

- 채집한 식물
- 두꺼운 책
- 습자지

실험 시간	난이도	실험 위험도	관련 단원
40분	★★★☆☆	★★★☆☆	4학년 2학기 1단원 식물의 생활

활동 1 국가생물종지식정보시스템을 조사해 보세요.

1 인터넷 포털 사이트에서 국가생물종지식정보시스템(www.nature.go.kr)을 검색해 보세요.

2 '식물 자원' 메뉴에서 식물도감을 클릭하세요.

3 '이름으로 찾기' 탭 검색창에서 찾고 싶은 식물을 검색해 보세요. 교과서에 있는 식물 이외에도 평소에 궁금했던 식물들을 '모양과 색으로 찾기' 메뉴에서 찾을 수 있어요.

활동2  나만의 압화 작품을 만들어 보세요.

TIP 많은 꽃을 모아서 압화 작품을 만들려면 책도 좋지만 습자지를 활용하는 것도 좋아요. 습자지를 활용할 때는 습자지 사이에 꽃을 넣고 두꺼운 책을 위에 올려 주세요.

1 수집한 식물을 책 위에 올려놓으세요. 식물을 꼭 눌러 줄 수 있는 두꺼운 사전이 좋아요. 책의 일부 페이지가 조금 지저분해져도 상관없는 책을 활용하세요.

2 페이지를 천천히 덮어 주세요.

3 책 표지를 닫아 단단하게 눌릴 수 있도록 하세요. 같은 위치에 계속 두면 식물이 무를 수가 있으니 하루에 한 번씩 책 페이지를 바꿔 말려 주세요.

4 1~2주일 후에 멋지게 말라 있는 압화 작품을 볼 수 있어요.

5 다양한 꽃을 모아서 압화 작품으로 만들어 보세요.

 **아꿈선이 알려주는 재미있는 과학놀이**

가족과 함께 압화 액자를 만들어 보세요.

1. 가족과 함께 집 주변의 여러 가지 꽃을 채집하고 습자지 위에 예쁘게 꾸며 보세요.
2. 신문지와 습자지를 이용하거나 식물 압화기를 사용하여 압화 작품을 만들어 보세요.
3. 만들어진 압화 작품을 압화 액자에 넣으세요.
4. 작품 아래에 완성한 날짜와 가족의 이름을 쓰세요.

28 부레옥잠 도장 찍기

혼자서도 할 수 있어요 ☐
친구와 함께해요 ☐
부모님과 함께해요 ☑

강이나 연못에는 여러 가지 식물이 살고 있어요. 사는 곳에 따라 물속에 잠겨서 사는 식물, 물에 떠서 사는 식물이 있어요. 또 특징에 따라 잎이 물에 떠 있는 식물, 잎이 물위로 높이 자라는 식물이 있어요. 부레옥잠은 물에 떠 있는 특징을 가지고 있어요.

★ 준비물

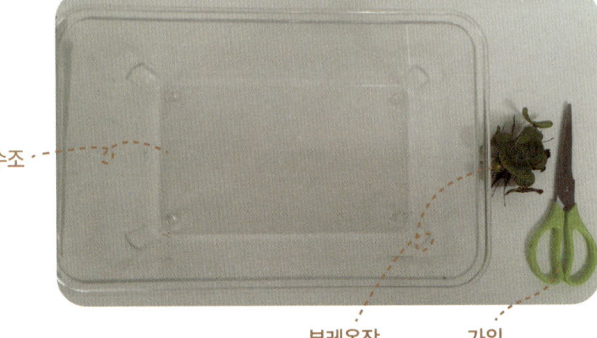
수조
부레옥잠
가위

물감, 도화지

실험 시간	난이도	실험 위험도	관련 단원	
30분	★★★☆☆	★★★☆☆		4학년 2학기 1단원 식물의 생활

 활동1 부레옥잠을 관찰해 보세요.

TIP

부레옥잠의 잎의 모양을 자세히 관찰해 보세요.
- 잎의 전체적인 모양(잎이 어떤 모양으로 생겼나요? 어떻게 보이나요?)
- 잎의 끝 모양(잎의 끝이 뾰족한가요? 둥근가요?)
- 잎의 가장자리 모양(잎의 가장자리 모양이 톱니 모양인가요? 손으로 만져봤을 때 느낌이 어떤가요?)
- 잎의 개수(잎이 1개인가요? 여러 개인가요?)

1 부레옥잠의 전체적인 생김새를 관찰해 보세요.

TIP 잎자루를 세로와 가로로 자르고 모양을 비교해 보세요

2 부레옥잠의 잎자루를 가위로 잘라서 관찰해 보세요.

TIP 활동을 통해 부레옥잠이 물에 둥둥 뜨는 이유를 생각해 보세요

3 자른 부레옥잠의 잎자루를 물이 담긴 수조에 넣고 손가락으로 눌러 보세요.

활동2 부레옥잠 도장 찍기

TIP 물감을 너무 많이 묻히면 잎자루의 그물 모양이 잘 나오지 않으니 겉에만 살짝 묻혀 주세요

1 잎자루의 단면을 물감에 담가 주세요.

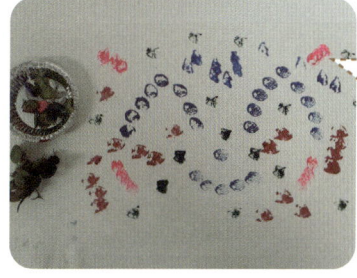

TIP 물감 대신 사인펜으로 잎자루의 단면을 색칠하고 찍으면 더 자세히 모양을 볼 수 있어요

2 물감을 묻힌 잎자루를 도화지에 재미있게 찍어 보세요.

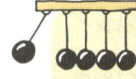

아꿈선이 알려주는 재미있는 과학놀이

부모님과 함께 부레옥잠 보글보글 놀이를 해 보세요.

1. 부레옥잠을 다양한 모습으로 잘라 보세요.
2. 자른 부레옥잠을 수조에 넣고 꾹 눌러 공기방울을 나오게 해 보세요.
3. 어떻게 자르면 공기방울이 더 많이 나오는지 알아보세요.

29 조약돌 선인장 만들기

혼자서도 할 수 있어요 ☐
친구와 함께해요 ☑
부모님과 함께해요 ☑

사막에는 선인장, 용설란, 바오밥나무 등 다양한 식물이 살고 있어요. 사막에 사는 식물은 잎이 작거나 가시로 변하여 잎에서 물이 빠져나가는 것을 줄일 수 있어요. 선인장은 굵은 줄기에 물을 저장해요.

★ 준비물

- 조약돌
- 화분
- 목공용 접착제
- 순간접착제
- 코르크마개
- 물감
- 폼폼

실험 시간	난이도	실험 위험도	관련 단원
40분	★★★☆☆	★★★★☆	4학년 2학기 1단원 식물의 생활

활동 1  화분을 만들어 보세요.

1 코르크 마개를 잘게 부셔 주세요.

2 화분에 폼폼을 가득 채우고 그 위에 빨리 굳는 목공용 접착제를 뿌려 주세요.

3 화분 위에 부숴 놓은 코르크 마개를 놓아 주세요.

활동2  조약돌 선인장을 만들어 보세요.

1 조약돌을 물감으로 칠해 주세요.

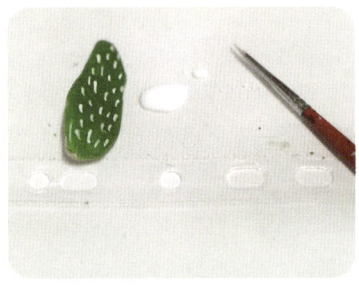

2 흰색으로 선인장의 가시를 표현해 주세요.

3 순간접착제를 화분 위에 뿌려 주세요.

4 미리 색칠해 둔 조약돌을 붙여 주세요.

5 같은 방법으로 조약돌을 하나하나 붙여 주세요.

6 완성된 작품이에요.

 **아꿈선이 알려주는 재미있는 과학이야기**

선인장 가시에 찔리면 무척 아프지요. 선인장을 처음 봤을 때 궁금해서 만져 보다가 가시에 찔려 본 적이 다들 한 번씩은 있을 거예요. 주변에서 볼 수 있는 관상용으로 키우는 선인장 가시도 날카롭지만 야생에서 살아가는 선인장은 포식자를 피해 살아남기 위해 가시를 더욱 발달시켜 왔기 때문에 훨씬 더 날카로워요. 이 선인장들은 가시가 옆으로 삐뚤빼뚤하게 톱니처럼 나 있어서 피부에 쉽게 들어갈 수 있고 한 번 들어간 가시는 잘 빠지지 않아요. 독은 없지만 굵기가 굵어서 동물들의 근육에 깊게 박힐 수도 있어요. 선인장은 이런 가시들 덕분에 움직이지 못하지만 스스로를 지킬 수 있어요.

30 솔방울 천연 가습기 만들기

혼자서도 할 수 있어요 ☐
친구와 함께해요 ☐
부모님과 함께해요 ☑

식물은 다양한 특징을 가지고 환경에 적응하고 있어요. 사람들은 이러한 식물의 특징을 이용하여 생활에 편리하게 쓰기도 해요. 솔방울은 물을 머금는 성질을 가지고 있어서 물에 담가 두면 오므라들고 물기가 다 마르면 쫙 펴져요.

★ 준비물

- 집 주변의 솔방울
- 베이킹 소다
- 냄비

실험 시간	난이도	실험 위험도	관련 단원
30분	★★★☆☆	★★★★☆	4학년 2학기 1단원 식물의 생활

활동 1  솔방울을 세척해 보세요.

1 냄비에 솔방울을 넣어요.

2 솔방울 위에 베이킹 소다를 뿌려 주고 솔방울이 잠기도록 물을 넣어요.

TIP 베이킹 소다는 충분히 많이 넣어 줘도 괜찮아요.

TIP 물에 끓이는 동안 솔방울은 물기를 머금고 오므라들어 부피가 작아져요

3 물이 끓을 때까지 가열하고 물이 끓기 시작하면 15~20분간 끓여 솔방울의 불순물을 제거하세요. 물이 검은색이 되면 새로운 물로 바꿔 다시 끓여 주세요.

활동2  솔방울 가습기를 만들어 보세요.

 TIP 건조한 곳에 두면 솔방울이 천천히 마르면서 주변에 수분을 공급해 줘요. 솔방울이 마르면 물을 부어서 다시 촉촉하게 만들어 주세요. 보통 1주일에 1번 정도 물을 부어 주면 돼요.

적당한 용기에 담아 건조한 곳에 두고 말리면 천연 솔방울 가습기 완성이에요.

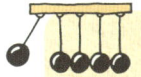 **아꿈선이 알려주는 재미있는 과학놀이**

가족과 함께 솔방울 던지기 게임을 해 보세요.

1. 바구니를 준비하세요.
2. 솔방울을 던져서 들어갈 만한 거리에 던지기 선을 정하세요.
3. 정해진 개수를 던져서 바구니에 들어간 솔방울의 개수를 세어 보세요.
4. 바구니에 가장 많이 솔방울을 넣은 사람이 승리해요.

31. 달콤하고 시원한 얼음과자 만들기

혼자서도 할 수 있어요 ☑
친구와 함께해요 ☑
부모님과 함께해요 ☐

물질은 고체, 액체, 기체 3가지 상태가 있어요. 고체는 손으로 잡을 수 있고, 모양과 부피가 일정해요. 액체는 눈으로 볼 수 있지만 손으로 잡을 수 없어요. 기체는 모양과 부피가 모두 변해요. 물의 고체 상태를 얼음, 물의 기체 상태를 수증기라 불러요.

★ 준비물

- 유리 막대
- 나무젓가락
- 손수건
- 약숟가락
- 소금
- 접시
- 위생장갑(비닐장갑)
- 주스
- 얼음(비커 500mL 양)

실험 시간	난이도	실험 위험도	관련 단원
30분	★★☆☆☆	★★★☆☆	4학년 2학기 2단원 물의 상태 변화

활동 1  얼음과자를 만들어 보세요.

1 비커에 잘게 부순 얼음과 소금을 번갈아 넣으세요.

2 유리 막대로 잘 저어 주세요.

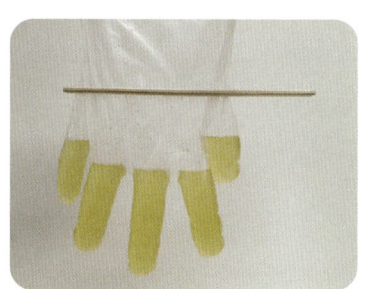

3 비닐장갑의 손가락 부분에 주스를 채워 주세요. 그다음 비닐장갑의 윗부분에 나무젓가락의 갈라진 틈을 끼워 고정해 주세요.

활동2  얼음과자를 확인해 보세요.

TIP 액체 상태의 주스가 고체 상태의 얼음과자로 바뀐 것을 알 수 있어요.

1 비커에 주스를 넣은 비닐장갑을 넣고 10분간 기다리세요.

TIP 비커를 보면 안에 있던 얼음이 조금 녹은 걸 알 수 있어요.

2 잘 만들어졌는지 비닐장갑에서 얼음과자를 꺼내 확인하세요. 다 만들어진 달콤하고 시원한 얼음과자를 먹어 보세요.

TIP 다양한 크기의 비닐장갑을 이용해서 얼음과자를 만들어 보고 얼기 전과 얼고 난 후를 비교해 보며 액체와 고체의 특징을 확인해 보세요.

3 다른 음료수로도 얼음과자를 만들어 보세요.

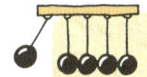 **아꿈선이 알려주는 재미있는 과학이야기**

비커 안의 얼음이 녹은 까닭은 '열의 전도' 현상 때문이에요. 온도가 다른 두 물체가 닿게 되면 온도가 높은 물체에서 온도가 낮은 물체로 열이 전달되어, 처음에 온도가 높았던 물체는 온도가 낮아지고 온도가 낮았던 물체는 처음보다 온도가 높아지게 되어 두 물체의 온도가 비슷해져요. 액체 상태의 주스와 고체 상태의 얼음이 만나면 주스 온도가 높으므로 주스에 있던 열이 얼음으로 전달되고 얼음은 녹게 돼요. 주스는 열을 얼음에게 빼앗겼으므로 온도가 낮은 고체 상태의 얼음으로 변하게 되는 거예요. 그런데 계속 두면 주스는 더욱 차가워지고 얼음은 계속 녹게 될까요? 아니에요. 온도가 비슷해진 두 물체는 이제 열을 전달하지 않아 더 이상 열의 이동이 일어나지 않고 정지해요. 이 현상을 '열평형'이라고 해요.

32 따르자마자 얼어 버리는 얼음탑

혼자서도 할 수 있어요 ☑
친구와 함께해요 ☐
부모님과 함께해요 ☑

물이 얼면 부피는 늘어나지만 무게는 변하지 않아요. 얼음이 녹을 때도 부피는 줄어들지만 무게는 변하지 않아요.

★ 준비물

- 생수병
- 컵
- 물
- 얼음

실험 시간	난이도	실험 위험도	관련 단원
30분	★★★★★	★★★☆☆	4학년 2학기 2단원 물의 상태 변화

활동 1 물의 온도를 내려 보세요.

TIP
냉동실 안에 너무 오랫동안 두어서 물이 얼지 않도록 해요

1 생수병 안에 물을 담고 냉동실에 2시간 정도 두세요. (330mL 생수병 기준)

2 얼음틀 안에 물을 붓고 꽁꽁 얼 수 있도록 냉동실에 오랫동안 두어요.

활동2  얼음탑을 만들어 보세요.

1 컵 안에 얼음을 소복하게 담으세요.

2 냉동실에 보관해 둔 생수병을 조심스럽게 꺼내서 얼음 위에 천천히 부으세요.

TIP
생수병을 냉동실에서 꺼내서 가지고 올 때 절대로 충격이 가지 않도록 해요.

3 얼음 위에 물이 바로 얼면서 얼음탑이 생기는 것을 볼 수 있어요.

 **아꿈선이 알려주는 재미있는 과학이야기**

따르자마자 얼어 버리는 신기한 얼음탑은 어떻게 만들어진 것일까요? 그 이유는 바로 물의 상태 변화에 있어요. 이 실험은 과냉각 상태의 물을 만든 거예요. 물은 일정한 온도가 되면 상태가 변화해요. 물의 온도가 100℃가 되면 기체로 변하고 0℃ 아래로 떨어지면 고체 상태인 얼음으로 변해요. 그런데 냉동실에 둔 물이 충격을 받지 않고 계속 온도가 내려가면 0℃ 아래로 내려가도 액체 상태로 존재하기도 해요. 냉동실 안에서 온도가 빨리 변화하게 되면 물질의 상태가 온도를 따라가지 못하고 이전의 상태 구조로 유지하기 때문이에요. 과냉각 상태는 아주 불안정한 상태로 충격을 주면 바로 얼음으로 변해요. 지나치게 빨리 냉각한다는 뜻에서 '과냉각'이라고 불러요.

33 귤피차 만들기

혼자서도 할 수 있어요 ☐
친구와 함께해요 ☐
부모님과 함께해요 ☑

증발은 물 표면에서 물이 수증기로 변하는 현상을 말해요. 예로는 고추를 말리는 것, 오징어를 말리는 것, 젖은 빨래를 말리는 것, 젖은 머리카락을 말리는 것을 들 수 있어요.

★ 준비물

- 베이킹 소다
- 귤껍질
- 가위
- 프라이팬

실험 시간	난이도	실험 위험도	관련 단원
40분	★★★★☆	★★★☆☆	4학년 2학기 2단원 물의 상태 변화

활동 1 귤껍질을 자르세요.

TIP
귤껍질을 세로로 길게 잘라 주는 것이 좋아요.

1 베이킹 소다를 이용해 귤을 깨끗이 씻고, 먹고 난 껍질을 모아 놓으세요. 귤 3~4개 정도만 준비해도 충분해요.

2 귤껍질을 가늘게 가위로 잘라 주세요.

활동2  귤피차를 만들어 보세요.

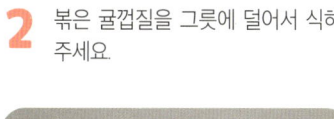
TIP 과자처럼 바삭바삭해질 때까지 이 과정을 반복해요.

1 프라이팬에 자른 귤껍질을 넣고 가장 약한 불로 덖어 주세요.

2 볶은 귤껍질을 그릇에 덜어서 식혀 주세요.

3 건조된 귤껍질을 차 우리는 병에 넣고 따뜻한 물을 담아 우려 보세요.

4 귤껍질의 성분이 우러나와 연노랑색의 귤피차가 돼요.

5 예쁜 컵에 담아 귤피차를 마셔 보세요.
TIP 꿀을 넣어 마시면 더욱 맛있어요.

 **아꿈선이 알려주는 재미있는 과학이야기**

귤피차는 옛날부터 마셔 온 차에요. 옛말에 '귤껍질을 버릴 바에는 차라리 귤을 버리는 것이 낫다.'라는 말이 있을 정도지요. 귤피차에 들어가는 귤껍질은 한약의 약재로도 쓰이며 면역력을 높여 줘서 겨울철의 만성질환인 감기에도 좋고 소화기관에도 좋아서 소화가 잘되게 하는 용도로도 쓰여요. 이번 겨울에는 집에서 가족들과 함께 따뜻한 귤피차 한잔 마셔 볼까요?

작은 컵 속의 비

혼자서도 할 수 있어요 ☐
친구와 함께해요 ☐
부모님과 함께해요 ☑

증발은 액체가 기체로 상태가 변하는 현상을 말해요. 우리 주변에서 물이 증발하는 예로는 빨래 말리기, 젖은 머리 말리기, 오징어 말리기 등을 들 수 있어요. 응결은 기체가 액체로 상태가 변하는 것을 말해요. 얼음이 든 음료수 컵, 결로 현상 등에서 볼 수 있어요.

★ 준비물

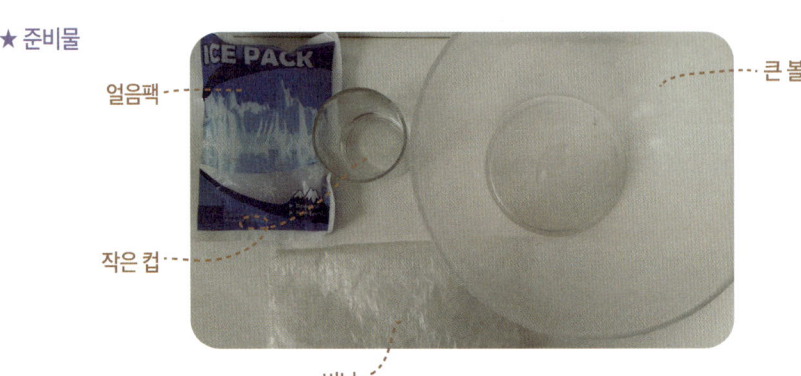

얼음팩, 작은 컵, 비닐, 큰 볼

실험 시간	난이도	실험 위험도	관련 단원
30분	★★☆☆☆	★★★★☆	4학년 2학기 2단원 물의 상태 변화

활동 1 수증기를 만들어 보세요.

1 큰 볼을 준비해 주세요.

2 그 속에 작은 컵을 놓아 주세요.

3 뜨거운 물을 큰 볼에다 작은 컵의 반쯤 차도록 붓고 비닐로 볼의 입구를 덮어 주세요.

활동2  작은 컵에 비가 내리게 해 보세요.

TIP 얼음팩을 너무 많이 올려놓아서 비닐이 찢어지지 않게 조심해요.

1 미리 얼려 놓은 얼음팩을 비닐 위에 올려 주세요.

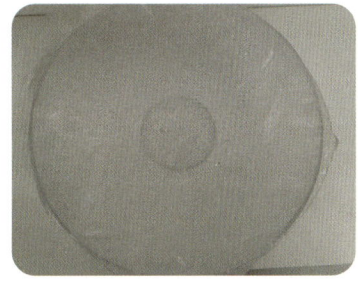

2 수증기들이 증발했다가 위에 얼음이 있는 차가운 공기를 만나서 물방울로 맺히는 응결 현상을 관찰해 보세요.

TIP 실험을 통해 물의 순환을 확인할 수 있어요. 뜨거운 물의 양이 많아서 수증기가 많이 생기고 물방울들이 많이 응결되면 작은 컵에 물이 떨어져요. 더운 여름에 비가 많이 오는 이유예요.

3 응결 현상이 끝나면 작은 컵 속에 비처럼 내린 물방울들을 확인하세요.

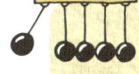 **아꿈선이 알려주는 재미있는 과학놀이**

가족과 함께 구름을 만들어 보세요. 수증기의 응결실험에서 구름을 눈에 보이게 할 수 있어요.

1. 위의 실험을 똑같이 진행하세요.

2. 비닐을 씌우고 난 뒤에 성냥에 불을 붙이고 끈 다음 곧바로 볼 안에 넣고 다시 비닐로 막아 주세요.

3. 성냥의 연기가 응집제의 역할을 해서 비닐을 열면 바로 구름이 만들어져요.

35 펠트 가습기 만들기

혼자서도 할 수 있어요 ☑
친구와 함께해요 ☐
부모님과 함께해요 ☐

펠트 가습기는 증발 현상을 이용해서 공기 중에 수분을 공급해 주어요. 비가 온 거리나 젖은 빨래가 시간이 지나면 마르는 이유는 우리 눈에 보이지 않지만 물이 수증기로 변하여 공기 중으로 날아가기 때문이에요.

★ 준비물

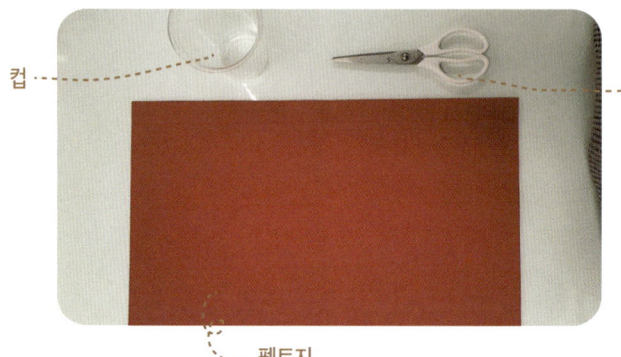

컵 · 가위 · 펠트지

실험 시간	난이도	실험 위험도	관련 단원
30분	★☆☆☆☆	★★☆☆☆	4학년 2학기 2단원 물의 상태 변화

활동 1  펠트지를 자르세요.

1 원하는 색상의 펠트지를 직사각형으로 잘라 주세요.

2 반으로 접어 주세요. 접힌 부분에서 일정 간격을 두고 가위로 잘라 주세요.

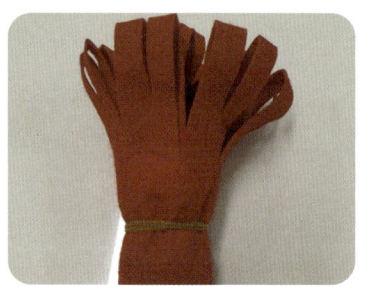

3 반을 접은 상태로 돌돌 말아 주세요. 벌어지지 않도록 리본처럼 펠트지를 감싸서 묶어 주면 좋아요.

활동2  펠트 가습기를 만들어 보세요.

TIP 물이 더 많이 흡수되도록 바닥까지 닿게 하는 게 좋아요.

1 물이 담긴 컵에 자른 펠트지를 넣어 주세요.

TIP 다양한 모양으로 오려서 펠트 가습기를 만들 수도 있어요. 다양한 색깔의 펠트지를 섞어서 만들어도 좋아요.

2 건강에 걱정 없는 천연 펠트 가습기 완성이에요.

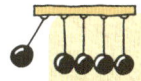 아꿈선이 알려주는 재미있는 과학이야기

물의 상태 변화를 이용한 천연 가습기는 펠트 가습기 외에도 여러 가지가 있어요.

- 달걀: 달걀 윗부분에 구멍을 내서 내용물을 빼내고 껍질을 씻은 뒤 물을 채워 넣으면 천연가습기 역할을 해요.
- 빨래: 우리가 일상생활에서 가장 많이 사용하는 천연 가습기예요. 빨래를 헹굴 때 마지막에 따뜻한 물로 헹구고 집 안에 널어놓으면 집 안의 공기도 따뜻하게 만들 수 있어요.
- 숯: 숯을 깨끗하게 씻어 통풍이 잘되는 그늘에 말리고 그릇에 물과 숯을 담아 놓으면 물에 잠긴 숯이 공기를 정화시키고 습기가 나와요.
- 과일 껍질: 수분이 많은 레몬과 귤 같은 과일의 껍질을 말린 후 수시로 물을 뿌려 주면 공기 중의 습도가 높아질 뿐만 아니라 향긋한 방향제 역할까지 해요.

공 그림자 만들기

혼자서도 할 수 있어요 ☐
친구와 함께해요 ☐
부모님과 함께해요 ☑

그림자가 생기려면 물체에 빛을 비춰야 해요. 손전등-물체-스크린 순서가 될 때 그림자가 생겨요.

★ 준비물

- 흰 종이
- 공
- 손전등
- 가위
- 테이프
- 털실

실험 시간	난이도	실험 위험도	관련 단원
20분	★★☆☆☆	★★☆☆☆	4학년 2학기 3단원 그림자와 거울

활동 1  그림자 공을 만들어 보세요.

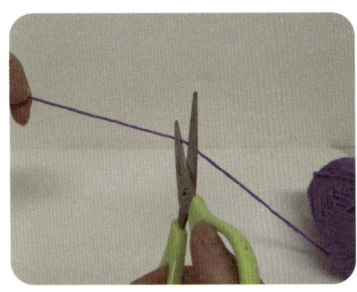

1 가위를 이용해서 털실을 적당한 길이로 자르세요.

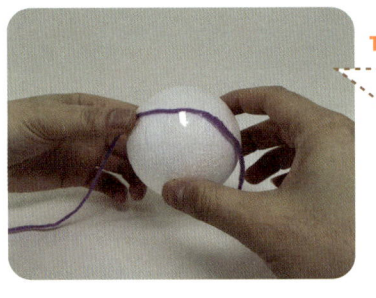

2 털실을 공 위에 올려놓고 테이프로 붙이세요.

 TIP
털실을 테이프로 붙이지 않고 매듭 지어 붙여도 좋아요.

활동2  그림자를 관찰해 보세요.

TIP
손전등 대신 스마트폰의 '손전등' 기능을 사용해도 좋아요. 손전등을 비추고 공의 위치를 바꾸면서 그림자의 크기가 어떻게 되는지 알아보세요. 흰 종이나 벽지가 왜 필요한지를 생각해 보세요.

바닥에 흰 종이를 놓고 손전등을 비춘 후 손잡이를 만든 공을 이용해서 그림자를 확인해 보세요.

활동3  그림자가 생겼던 경험을 이야기해 보세요.

운동장에서 내 그림자가 보여요.   도로에서 자전거 그림자가 보여요.   책상 위에서 커피잔 그림자가 보여요.

 **아꿈샘이 알려주는 재미있는 과학이야기**

그림자를 보고 물체를 정확히 알아맞힐 수 있을까요? 정답은 '맞힐 수 없다.'예요. 그림자를 보고 물체의 모양을 어느 정도 알 수는 있지만 정확히 알아맞힐 수는 없어요. 실제 모습은 입체적이지만 그림자는 항상 평면이기 때문이에요. 실제 모습을 만화나 2D 게임으로 만든 모습을 보면 현실과 다르다는 것을 쉽게 알 수 있어요. 종이컵의 아랫부분을 빛에 대고 그림자를 만들면 그림자는 동그란 공 모양이지만 실제 모양은 컵 모양이에요. 이런 그림자의 성질을 이용해서 그림자 연극을 하거나 손그림자놀이를 하기도 해요.

37 나만의 그림자 작품 만들기

혼자서도 할 수 있어요 ✓
친구와 함께해요 ☐
부모님과 함께해요 ☐

빛이 나아가다가 불투명한 물체를 만나면 빛이 통과하지 못해 진한 그림자가 생겨요. 빛이 나아가다가 투명한 물체를 만나면 빛이 대부분 통과해 연한 그림자가 생겨요.

★ 준비물

- 흰 종이
- 유리컵
- 투명 필름
- 색깔이 있는 도자기컵
- 손전등

실험 시간	난이도	실험 위험도	관련 단원
20분	★★★☆☆	★☆☆☆☆	4학년 2학기 3단원 그림자와 거울

활동 1  불투명 도자기컵과 투명 유리컵의 그림자를 관찰해 보세요.

TIP
불투명한 도자기컵의 그림자는 그림자가 짙고 선명해요.

1 흰 종이와 도자기컵, 손전등이 일직선이 되도록 만들어 주세요. 손전등 대신 스마트폰의 '손전등' 기능을 사용하면 편리해요. 흰 종이를 고정하는 것이 어렵다면 집 안의 벽지에 해도 좋아요.

2 집 안을 어둡게 하고 손전등을 도자기컵에 비추어서 흰 종이에 생긴 그림자의 모양을 관찰해 보세요.

TIP
투명한 유리컵의 그림자는 옅고 흐려요. 투명한 물체는 빛이 대부분 통과하고 불투명한 물체는 빛이 전혀 통과하지 못해요.

3 투명한 유리컵을 놓고 손전등을 비추어서 그림자를 관찰해 보세요.

 투명필름에 나만의 그림자 작품을 그려 보세요.

TIP
테두리는 검은색, 속은 다양한 색으로 색칠하면 예쁜 그림자를 만들 수 있어요.

1 투명 필름에 유성펜을 이용해서 그림을 그리세요.

2 그린 그림을 다양한 색으로 색칠하고 나만의 그림자 작품을 만들어 보세요.

 **아꿈선이 알려주는 재미있는 과학이야기**

그림자에도 색깔이 있을까요? 우리가 생활 속에서 볼 수 있는 그림자는 대부분 검은색이에요. 색깔이 있는 그림자를 만드는 간단한 방법이 있어요. 셀로판지로 만든 물체에 손전등을 비춰 그림자를 만들면 셀로판지와 같은 색깔의 그림자를 볼 수 있어요. 심지어 여러 개의 색깔 그림자를 섞으면 다른 색의 그림자가 되기도 해요.

38 손그림자놀이하기

혼자서도 할 수 있어요 ☑
친구와 함께해요 ☑
부모님과 함께해요 ☐

빛이 곧게 나아가는 성질을 빛의 직진이라고 말해요. 물체 모양과 그림자 모양이 비슷한 까닭은 빛이 직진하기 때문이에요. 물체가 놓인 방향을 바꾸면 빛을 받는 면의 모양이 달라지면서 그림자 모양도 달라져요.

★ 준비물

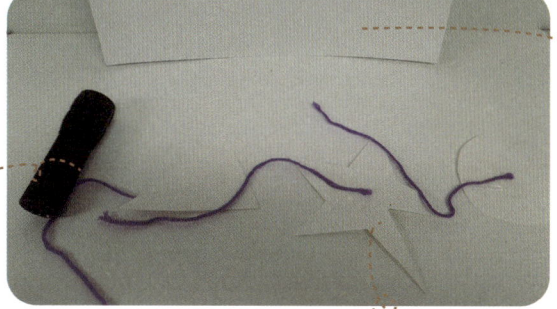

- 스크린으로 쓸 도화지
- 손전등(혹은 스마트폰)
- 모양을 오린 종이

실험 시간	난이도	실험 위험도	관련 단원
30분	★★☆☆☆	★☆☆☆☆	4학년 2학기 3단원 그림자와 거울

활동 1  종이 그림자를 관찰해 보세요.

TIP 오린 종이를 움직이면서 그림자의 크기를 변화시켜 보세요.

스크린-여러 가지 모양의 종이-손전등 순서로 배치하고 주위를 어둡게 하고 손전등을 켜세요. 스크린 위에 어떤 모양의 그림자가 나오는지 관찰해 보세요.

활동2  손그림자놀이를 해 보세요.

TIP 해가 진 깜깜한 밤에 하는 게 좋아요.

1 종이 대신 손으로 모양을 만들어서 만들어지는 그림자를 확인해 보세요.

2 손으로 모양을 만들어서 손그림자놀이를 해 보세요.

TIP 이 밖에도 손으로 만들 수 있는 다양한 모양을 새롭게 만들어 보세요.

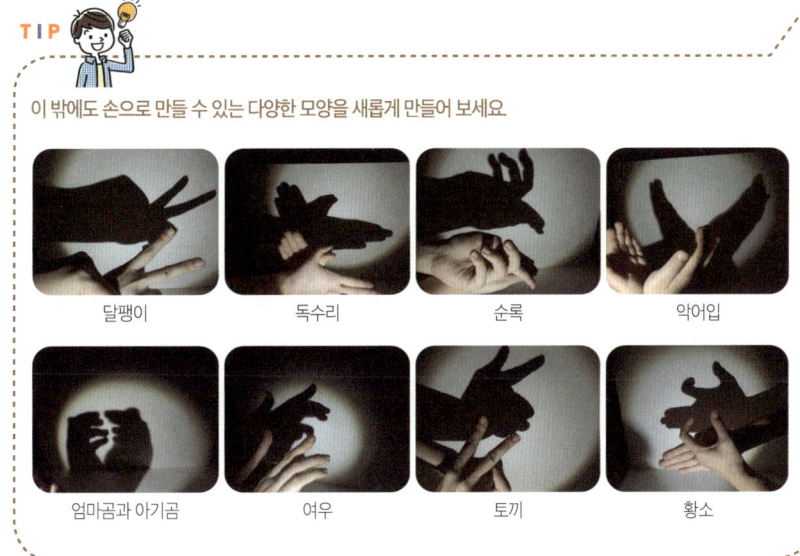

달팽이 / 독수리 / 순록 / 악어입

엄마곰과 아기곰 / 여우 / 토끼 / 황소

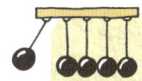 **아꿈선이 알려주는 재미있는 과학이야기**

전기가 없던 옛날에는 촛불이나 등잔불을 이용해서 그림자놀이를 했어요. 별다른 재료가 필요 없고 불빛과 그림자가 비칠 벽만 있으면 언제 어디서든지 할 수 있어서 준비 없이 간단하게 즐길 수 있는 놀이였어요. 손을 이용해서 다양한 모양을 만들기도 하고, 손이 아닌 나무 막대기 같은 다른 재료를 이용해서 그림자를 만들었어요. 지금은 그림자놀이가 전문적인 공연예술 분야로 인정받으며 그림자 연극, 그림자 아트 등 수준 높은 작품으로 즐길 수 있어요.

39 그림자 작품 만들기

혼자서도 할 수 있어요 ☐
친구와 함께해요 ☑
부모님과 함께해요 ☐

그림자의 크기를 크게 하려면 스크린과 물체는 그대로 두고 손전등을 물체에 가깝게 하면 돼요. 반대로 그림자의 크기를 작게 하려면 스크린과 손전등은 그대로 두고 물체를 손전등에 가깝게 하면 돼요.

★ 준비물

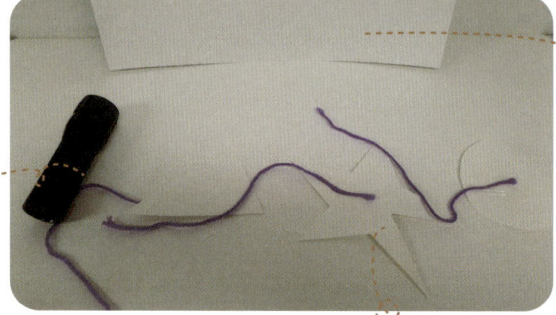

- 스크린으로 쓸 도화지
- 손전등(혹은 스마트폰)
- 모양을 오린 종이

실험 시간	난이도	실험 위험도	관련 단원
35분	★★☆☆☆	★☆☆☆☆	4학년 2학기 3단원 그림자와 거울

활동 1  여러 가지 모양의 종이로 그림자 크기를 바꿔 보세요.

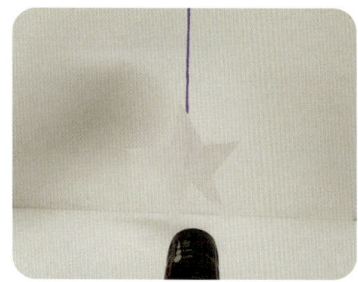

1 스크린, 모양 종이, 손전등을 일직선으로 위치시키세요. 집 안의 벽에 도화지를 테이프로 살짝 붙이면 손쉽게 스크린을 만들 수 있어요.

2 손전등을 앞으로 움직여 모양 종이에 가까이 다가갈수록 그림자가 커져요.

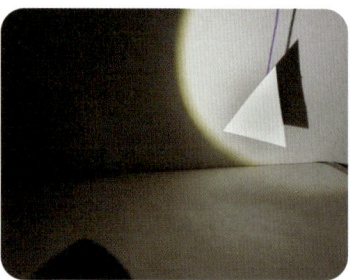

3 손전등을 뒤로 움직여 모양 종이와 멀어질수록 그림자가 작아져요.

TIP 그림자의 크기가 바뀔 때 그림자의 색은 어떻게 되는지 확인해 보세요.

4 모양 종이를 손전등 쪽으로 움직여 손전등에 가까이 다가갈수록 그림자가 커져요.

5 모양 종이를 스크린 쪽으로 움직여 스크린에 가까이 다가갈수록 그림자가 작아져요.

활동2  그림자 작품을 만들어 보세요.

● 물체, 손전등, 스크린 사이의 거리에 따라 그림자의 크기, 진하기가 달라지므로 이러한 성질을 이용하여 그림자 작품을 만들어 보세요.
그림자는 실제의 모습을 스크린의 평면으로 옮기기 때문에 입체적인 모양이 모두 평면으로 바뀌어요.

TIP 실제로 보았을 때 물체들이 그냥 모여 있는 것같이 보여도 그림자를 통해 만들어진 모양은 다른 모습이 될 수 있어요.

 **아꿈선이 알려주는 재미있는 과학놀이**

종이인형을 활용해서 그림자 연극을 해 보세요.

1. 연극으로 만들고 싶은 이야기를 선정하거나 새롭게 자신만의 이야기를 만드세요.

2. 이야기에 등장하는 인물이나 소품을 종이로 오려서 종이인형을 만드세요.

3. 우드락으로 프레임을 만든 후 그 안에 흰 종이를 덮어서 스크린을 만드세요.

4. 종이인형에 나무젓가락이나 긴 막대를 붙이고 스크린 뒤에 손전등을 설치하세요.

5. 이야기 속 인물의 감정을 살려서 실감나게 그림자 연극을 해 보세요.

40 알록달록 거울 만화경 만들기

혼자서도 할 수 있어요 ☐
친구와 함께해요 ☐
부모님과 함께해요 ☑

빛이 나아가다가 거울에 부딪치면서 빛의 방향이 바뀌는 성질을 빛의 반사라고 해요. 거울은 빛의 반사를 이용하여 물체의 모습을 비추는 도구예요. 거울을 사용하면 빛의 방향을 바꿀 수 있어요.

★ 준비물

- 테이프
- 아크릴 거울
- 칼
- 자
- 흰 종이
- 색종이
- 비즈 여러 개

실험 시간	난이도	실험 위험도	관련 단원
40분	★★★★☆	★★★☆☆	4학년 2학기 3단원 그림자와 거울

활동1 삼각기둥을 만들어 보세요.

TIP 아크릴 거울을 칼로 자를 때 안전에 유의해요.

1 자와 칼을 이용하여 아크릴 거울을 똑같은 크기의 직사각형 3개로 잘라 주세요.

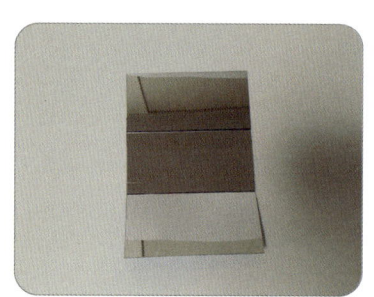

2 아크릴 거울 사이에 간격을 조금 두고 테이프를 이용해서 서로 이어지게 붙여 주세요.

활동2  아름다운 거울 만화경을 만들어 보세요.

1 만들어진 삼각기둥의 겉면을 색종이로 꾸며 주세요.

2 테이프나 투명한 필름지로 삼각기둥의 한쪽 끝을 막아 주세요.

3 삼각기둥 안에 다양한 모양의 비즈를 넣어 주세요.

4 삼각기둥의 다른 한쪽 끝을 색종이로 막고 가운데에 구멍을 내 주세요.

5 한쪽 눈만 뜨고 구멍이 있는 곳에 눈을 대 보세요.

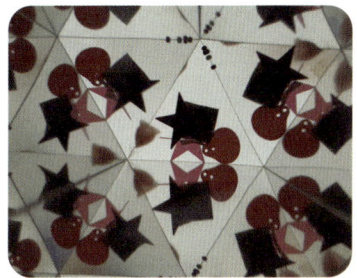

6 아크릴 거울에 빛이 계속 반사되면서 아름다운 모양을 볼 수 있어요.

아꿈선이 알려주는 재미있는 과학놀이

가족과 함께 종이 과녁 놀이를 해 보세요.

1. 벽면에 종이 과녁판을 붙이고 손전등과 거울을 준비하세요.

2. 부모님과 함께 한 명은 손전등을, 한 명은 거울을 들고 서요.

3. 불을 끄고 거울을 이용해 손전등의 빛을 종이 과녁판의 가운데에 비춰 보세요.

4. 거울의 방향을 조절하면서 빛이 종이 과녁판 안에 들어가도록 해요.

41 부글부글 거품 화산 만들기

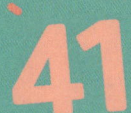

혼자서도 할 수 있어요 ☐
친구와 함께해요 ☐
부모님과 함께해요 ☑

화산은 땅속 깊은 곳에서 암석이 녹은 마그마가 지표면으로 분출하여 만들어진 지형으로 크기와 생김새가 다양해요. 화산의 꼭대기에는 움푹 팬 분화구가 있는 것도 있어요.

★ 준비물

- 물감
- 요구르트병
- 식초
- 베이킹 소다
- 고무 찰흙

실험 시간	난이도	실험 위험도	관련 단원
30분	★★★☆☆	★★★☆☆	4학년 2학기 4단원 화산과 지진

활동 1  화산을 꾸며 보세요.

TIP 고무찰흙으로 화산을 꾸밀 때 요구르트병을 기둥으로 해서 실제 화산의 모양처럼 만들어도 좋아요. 화산을 꾸밀 때 요구르트병의 입구는 막지 않아요.

1 빈 요구르트병에 고무찰흙으로 산을 표현하세요.

시나붕산(인도네시아)

킬라우에아산(하와이)

후지산(일본)

2 화산을 꾸미면서 세계 여러 나라에 있는 유명한 화산의 모습을 관찰해 보세요.

활동 2  보글보글 화산 거품을 만들어 보세요.

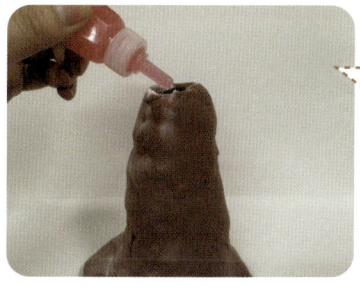

TIP 마그마의 색은 붉은 색이나 만들고 싶은 거품의 색을 넣어도 좋아요.

1 요구르트병에 베이킹 소다를 1숟가락 넣으세요.

2 그 안에 화산의 거품색을 만들 물감을 넣으세요.

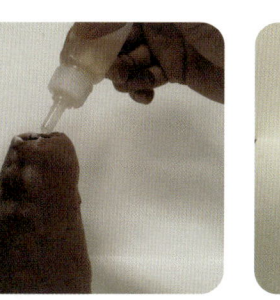

TIP 두 물질 사이에 화학 반응이 일어날 때는 너무 가까이서 관찰하지 않아요.

3 식초를 1방울씩 떨어뜨려 보세요.

4 베이킹 소다와 식초가 만나 화학 반응으로 보글보글 화산 거품이 나와요.

42 마시멜로 화산 분출물 만들기

혼자서도 할 수 있어요 ☐
친구와 함께해요 ☐
부모님과 함께해요 ✓

화산이 분출할 때 나오는 물질을 화산 분출물이라고 해요. 화산 분출물에는 기체인 화산 가스, 액체인 용암, 고체인 화산재와 화산 암석 조각 등이 있어요.

★ 준비물

- 마시멜로
- 은박접시
- 프라이팬
- 물감
- 알루미늄 포일

실험 시간	난이도	실험 위험도	관련 단원
30분	★★★★☆	★★★★★	4학년 2학기 4단원 화산과 지진

활동1  마시멜로 화산 모형을 만들어 보세요.

1 프라이팬에 알루미늄 포일을 덮어 주세요.

2 적당한 크기의 병을 알루미늄 포일에 올려놓고 감싸서 화산 모양을 잡아 주세요.

3 알루미늄 포일의 크기는 마시멜로를 전부 담을 수 있는 정도면 돼요. 알루미늄 포일로 속이 비어 있는 화산 모양을 만드세요.

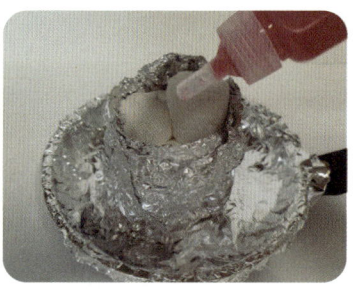

TIP 마시멜로를 가득 넣어야 가열했을 때 분출물이 흘러내리는 화산을 볼 수 있어요.

4 화산 모양 안에 마시멜로를 꾹꾹 눌러 넣어 프라이팬 위에 올려놓으세요.

5 원하는 색의 물감을 풀어서 마시멜로에 넣어 주고 색깔이 변한 마시멜로를 관찰해 보세요.

활동2 마시멜로 화산을 터뜨려 보세요.

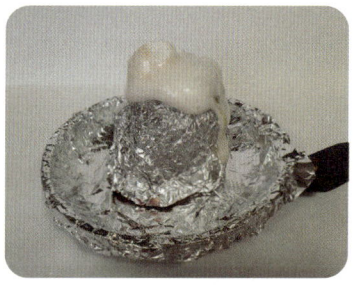

1 프라이팬을 가스레인지 위에 올려놓고 약불 상태에 두면 마시멜로가 녹기 시작해요.

2 마치 화산처럼 마시멜로가 알루미늄 화산 속에서 흘러내리기 시작해요.

3 화산 분출물이 흘러내리는 듯한 마시멜로 화산을 관찰해 보세요.

 **아꿈선이 알려주는 재미있는 과학이야기**

화산 속에 들어 있던 용암은 대체 어디서 나온 걸까요? 답은 바로 지구의 구조에 있어요. 지구는 우리가 눈으로 볼 수 있는 게 전부가 아니라 핵, 맨틀, 지각이라는 3개의 층으로 구성되어 있어요. 우리가 살고 있는 곳은 이중 지각이라는 한 층에 불과해요. 사실 지각보다 훨씬 더 많은 부분을 차지하는 것이 맨틀이에요. 용암은 바로 지각 아래에 있는 맨틀에서 나온 것이에요. 맨틀은 아주 뜨거워서 용암이 굳어 있지 않고 액체처럼 흘러가요.

43 현무암 만들기

혼자서도 할 수 있어요 ☐
친구와 함께해요 ☐
부모님과 함께해요 ☑

마그마의 활동으로 만들어진 암석을 화성암이라고 해요. 화성암 중 대표적인 암석은 현무암과 화강암이에요. 현무암은 알갱이의 크기가 작고, 색깔이 어두우며, 구멍이 있는 것도 있어요. 화강암은 알갱이의 크기가 크고, 색깔이 밝으며, 여러 가지 색이 포함되어 있어요.

★ 준비물

- 돋보기
- 현무암, 화강암 암석 표본
- 흰 종이
- 현무암 만들기 실험 키트 (중탄산나트륨, 시트르산, 석고가루, 활성탄, 종이컵, 나무막대)

실험 시간	난이도	실험 위험도	관련 단원
40분	★★★☆☆	★★★☆☆	4학년 2학기 4단원 화산과 지진

활동 1  현무암과 화강암을 관찰해 보세요.

암석의 색이 잘 보이도록 흰 종이 위에 암석 표본을 올리고 돋보기로 관찰해 보세요.

 TIP

알갱이의 크기, 색, 표면 등을 자세하게 관찰해 보세요.
- 현무암의 색깔은 어둡지만 화강암은 밝은 회색이에요.
- 현무암의 알갱이는 매우 작지만 화강암의 알갱이는 크고 여러 가지 종류예요.
- 현무암의 표면은 대체로 표면에 크고 작은 구멍이 있지만 화강암의 표면은 반짝이는 알갱이나 검은 알갱이가 있어요.

활동2  현무암을 만들어 보세요.

1 종이컵에 석고가루를 반 컵 정도 채워 주세요.

2 활성탄 1숟가락을 넣어 주세요.

3 중탄산수소나트륨 5숟가락을 넣어 주세요.

4 나무막대로 골고루 섞어 주세요.

5 스포이드를 이용하여 미지근한 물을 컵에 1/2 정도 넣어 주세요.

6 시트르산을 떨어뜨리면서 반죽에서 거품이 나는 모습을 관찰해 보세요.

7 석고가 굳도록 하루 정도 상온에 두세요.

8 석고가 다 굳으면 종이컵에서 꺼내서 자른 뒤 단면을 관찰해 보세요.

9 다양한 모양의 현무암 모형을 관찰해 보세요.

TIP 다 굳을 때까지 만지지 마세요. 하루 이상 건조시간이 필요해요.

44 손으로 느끼는 지진

혼자서도 할 수 있어요 ☐
친구와 함께해요 ☐
부모님과 함께해요 ☑

지진은 지구 내부에 작용하는 힘을 받아 땅이 끊어질 때 발생해요. 지표의 약한 부분, 지하동굴 함몰, 화산 활동에 의해 발생하기도 해요.

★ 준비물

우드록

실험 시간	난이도	실험 위험도	관련 단원
20분	★☆☆☆☆	★★☆☆☆	4학년 2학기 4단원 화산과 지진

활동1 지진 발생 모형을 실험해 보세요.

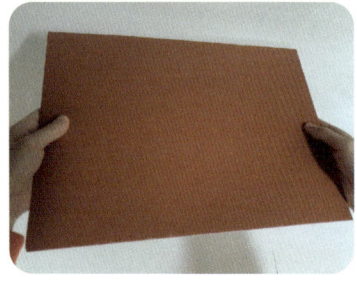

1 양손으로 우드록을 가볍게 잡고 양쪽에서 가운데로 힘을 주어요.

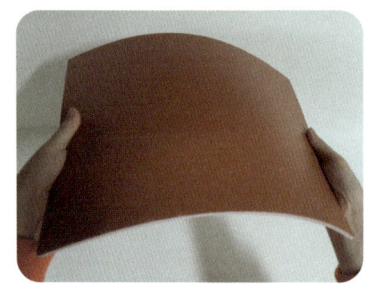

2 살짝 힘을 주어 우드록이 휘어지는 것을 관찰해 보세요. 우드록이 끊어지지 않도록 하고 힘을 주었을 때 우드록이 어떻게 움직이는지 관찰해 보세요.

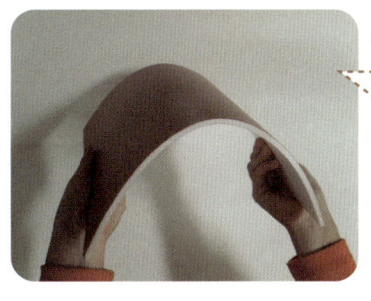

TIP
한 번에 힘을 세게 주지 말고 조금씩 힘을 늘려야 해요.

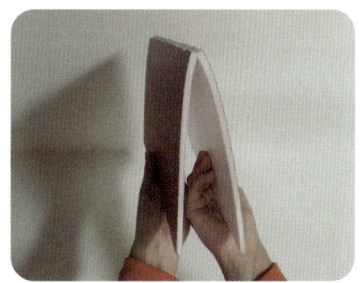

3 우드록에 조금씩 계속 힘을 늘려서 우드록이 끊어지는 순간을 확인하세요.

4 우드록이 끊어질 때 손의 느낌이 어땠는지 이야기해 보세요.

활동2 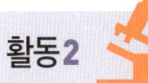 손으로 지진을 느껴 보세요.

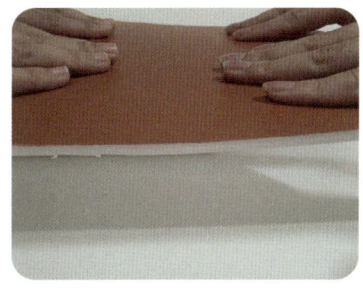
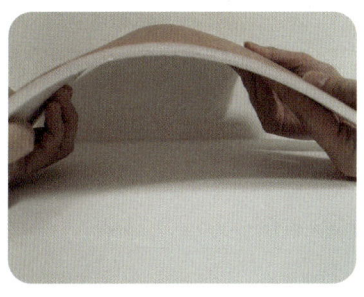

1 부모님과 함께 우드록의 끝을 한쪽씩 잡고 동시에 손을 앞으로 밀어 보세요.

2 서로 계속 손을 밀어 주고 우드록의 변화를 확인해 보세요.

3 우드록이 끊어지는 순간 손의 느낌을 부모님과 함께 이야기하고 나눠 보세요.

TIP
부모님의 손과 나의 손 중 누구의 손이 더 많이 떨렸을까요? 우드록이 끊어졌을 때 더 약하고 작은 나의 손이 더 많이 떨려요. 실제 지진에서도 지표의 약한 부분이 더 많이 피해를 받아요.

활동3 지진 발생 모형과 실제 지진을 비교해 보세요.

● 우드록이 끊어질 때 손의 떨림은 지진이 일어날 때 땅의 흔들림과 비슷해요. 지진 발생 모형은 짧은 시간 동안 양손으로 가한 힘이지만 실제 지진에서는 오랜 시간 동안 지구 내부에 축적된 힘이 작용해요.

45 지진에 안전한 건물 모형 만들기

혼자서도 할 수 있어요 ☐
친구와 함께해요 ☐
부모님과 함께해요 ☑

지진을 견디려면 건물 아래쪽이 위쪽보다 넓은 형태가 좋아요. 또한 건물과 땅 사이에 흔들림을 줄일 수 있는 물질을 넣어 땅의 진동이 건물에 직접적으로 전달되지 않으면 좋아요.

★ 준비물

- 스티로폼
- 우드록
- 이쑤시개
- 용수철

실험 시간	난이도	실험 위험도	관련 단원
40분	★★★★☆	★★☆☆☆	4학년 2학기 4단원 화산과 지진

활동 1 우리 집은 지진에 안전할까?

1 포털에서 '우리집 내진설계 간편조회 서비스(http://www.aurum.re.kr/KoreaEqk/SelfChkStart)'를 검색한 다음 가장 위에 나오는 사이트에 들어가세요.

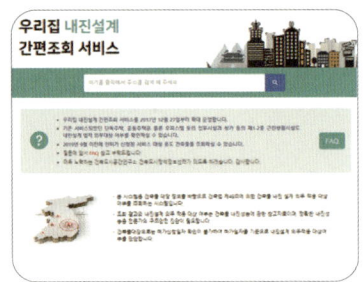

2 서비스 이용약관에 동의하고 우리 집 주소를 검색하세요.

3 결과를 눌러 우리 집이 내진설계가 되어 있는지 확인해 보세요.

활동 2  내 손으로 내진 설계 건축 모형을 만들어 보세요.

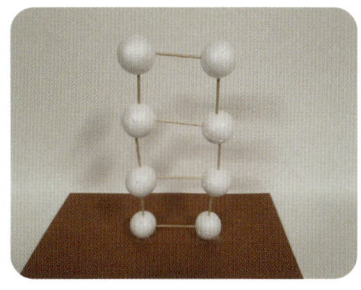
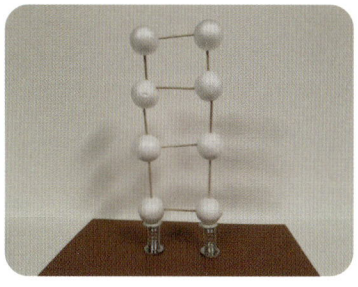
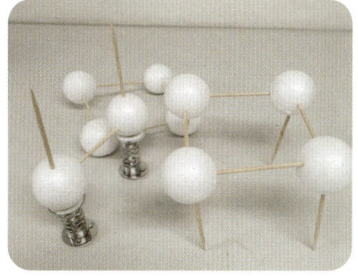

1 완성한 건축 모형을 우드록에 테이프로 고정한 뒤 우드록을 흔들어 보세요.

2 용수철을 이용하여 모형 아래에 지지대를 만들고 우드록에 붙여서 흔들어 보았을 때 어떤 변화가 생겼는지 관찰해 보세요.

3 준비물을 활용해서 기본 구조가 아닌 다양한 모형을 만들어 보고 우드록을 흔들어도 충격이 흡수되는 건물 모형은 어떤 특징이 있는지 이야기해 보세요.

> 지진에 진도와 규모가 있는 것처럼 책상을 흔들 때도 흔들림을 바꾸면서 건축 모형이 어떻게 되는지 살펴보세요. 한 번에 완벽한 건축 모형을 만들 수는 없어요. 건축 모형이 무너졌다면 왜 그런지 이유를 살펴보고 해당 부분을 보완해서 제작하세요.

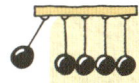 **아꿈선이 알려주는 재미있는 과학이야기**

예전에 사람들은 지진의 원인을 밝혀내지 못하고 신이 인간에게 주는 벌로 생각하기도 했어요. 지금은 과학기술로 만들어 낸 다양한 관측 장비를 통해 지진의 원인을 알 수 있지요. 지진은 어디서 자주 일어날까요? 지구에서 지진이 자주 일어나는 곳을 찾아서 점으로 찍고 이어 보면 화산대를 완성할 수 있어요. 바로 이 화산대에서 지진이 자주 발생해요. 화산대는 지구의 판 경계와 비슷하답니다.

46 손바닥 실내 정원

혼자서도 할 수 있어요 ☐
친구와 함께해요 ☐
부모님과 함께해요 ☑

지구에 있는 물은 양이 변하지 않고 상태를 바꾸며 계속 순환해요. 식물에게로 간 비는 다시 공기 중으로 증발하고, 증발한 수증기는 모여서 다시 비가 되어 내려요.

★ 준비물

유리볼 · 마사토 · 야자활성탄 · 수태 · 다육용토 · 자갈

실험 시간	난이도	실험 위험도	관련 단원
30분	★★★☆☆	★☆☆☆☆	4학년 2학기 5단원 물의 여행

활동1  실내 정원을 꾸며 보세요.

TIP 야자활성탄이 없다면 넣지 않아도 괜찮아요.

1 깨끗하게 씻은 유리볼에 마사토를 깔아 주세요.

2 마사토 위에 야자활성탄을 깔아 주세요.

3 물을 주었을 때 흙이 지저분하게 내려오지 않도록 수태를 깔아 주세요.

TIP 수태는 미리 물에 불린 후 물기를 꼭 짜서 사용하세요

4 수태 위에 다육용토를 깔아 주세요.

활동2 다육식물을 심어 보세요.

1 다육식물을 뿌리째 준비하세요.

2 다육용토 속에 다육식물을 심어 주세요.

TIP 장난감 동물 모형, 돌 등을 넣어서 정글 같은 분위기로 만들 수도 있어요

아꿈선이 알려주는 재미있는 과학이야기

실내정원을 만들 때 입구를 막아 놓아 그 안에서 계속 물이 순환하게끔 만든 장치를 '테라리움'이라고 해요. 테라리움은 라틴어의 땅과 방의 합성어로 투명한 용기 속에 식물을 키우는 것을 말해요. 테라리움 속의 식물은 한 번 물을 주면 6개월 동안 살 수 있다고 해요. 왜 그럴까요? 입구가 막히지 않은 보통의 화분에 물을 주면 물은 흙으로 들어간 뒤 공기 중으로 증발하는 과정을 거쳐요. 그래서 물을 주지 않으면 식물은 금방 말라 버리게 돼요. 테라리움은 입구를 막아서 물이 증발하는 과정을 없애고 그 안에서 물이 계속 순환하게끔 만든 장치예요. 흙 속에 들어간 물은 뿌리로 흡수된 뒤 잎으로 흘러들어가 기화되고, 공기 중으로 들어간 수분은 테라리움의 벽에 물방울 형태로 맺히고, 그 물방울은 다시 식물의 뿌리로 들어가서 잎으로 들어가고 식물을 성장하게 해요.

47 물의 여행

혼자서도 할 수 있어요 ☐
친구와 함께해요 ☑
부모님과 함께해요 ☐

물의 순환은 물의 상태가 변하면서 육지, 바다, 공기 중, 생명체 등 여러 곳을 끊임없이 돌고 도는 과정을 말해요. 물은 상태가 변하면서 끊임없이 순환하지만, 지구 전체 물의 양은 변하지 않아요.

★ 준비물

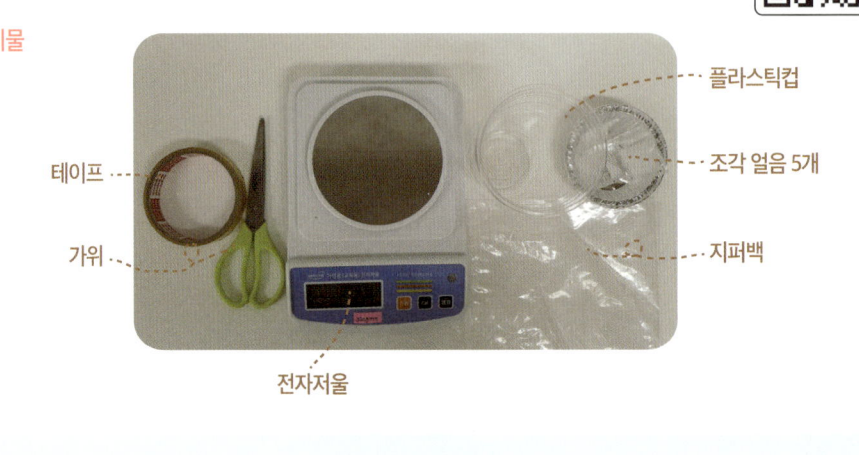

- 테이프
- 가위
- 전자저울
- 플라스틱컵
- 조각 얼음 5개
- 지퍼백

실험 시간	난이도	실험 위험도	관련 단원
30분	★★☆☆☆	★★☆☆☆	4학년 2학기 5단원 물의 여행

활동 1  물의 순환 실험 장치를 만들어 보세요.

1 조각 얼음 5개를 투명한 플라스틱컵에 담으세요.

2 얼음을 넣은 플라스틱컵을 지퍼백에 담아 지퍼를 닫으세요.

3 얼음을 담은 뒤 전자저울로 지퍼백의 무게를 재고 기록해 두어요.

TIP 지퍼백의 입구를 지퍼로 한 번 닫고 그 위에 셀로판테이프로 꼼꼼히 붙여서 빈틈이 없게 해야 해요.

4 햇빛이 잘 드는 창문에 지퍼백을 셀로판테이프로 고정해 두고 3일 후에 어떤 변화가 있는지 살펴보세요.

활동2  지퍼 백 안의 변화를 확인해 보세요.

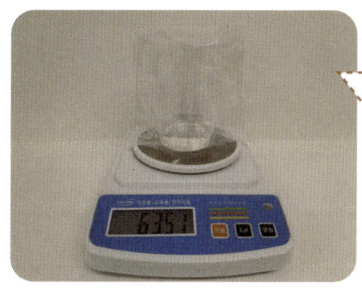

 **TIP** 지퍼백 안에 습기가 생겨 물방울이 맺혔는지 확인해 보세요. 얼음이 쌓이는 동안 먼지가 쌓이는 등 미세한 변화가 일어날 수 있기 때문에 오차가 생길 수 있어요.

시간이 지난 후 지퍼백의 무게를 전자저울로 다시 재어 보고 비교해 보세요.

 **아꿈선이 알려주는 재미있는 과학이야기**

국제인구행동연구소(PAI : Population Action International)에서는 전세계 국가를 대상으로 물이 부족한 국가인지 아닌지를 조사해 발표하고 있어요. 1인당 물 사용 가능량이 1,000㎥ 미만은 물 기근국가, 1,000~1700㎥은 물 부족국가, 1,700㎥ 이상은 물 풍요국가로 분류해요. 놀랍게도 우리나라는 물 부족국가에 속해요. 연간 강수량이 세계 평균인 973mm보다 많은 1,283mm이지만, 국토의 70% 정도가 산지로 이루어져 있고, 강수량의 대부분이 여름철에 집중적으로 내려서 많은 양이 바다로 흘러가는 데다 인구밀도가 높아 1인당 강수량은 세계 평균의 12%에 지나지 않기 때문이에요. 우리가 마시고 사용할 수 있는 물은 전체 물 중에서 1%밖에 안 되니 물을 아껴 써야 해요.

48 변화하며 이동하는 물

혼자서도 할 수 있어요 ☐
친구와 함께해요 ☐
부모님과 함께해요 ☑

물은 공장에서 물건을 만들 때, 농작물을 키울 때, 물건과 주변을 깨끗하게 만들 때 등 다양하게 이용돼요. 물이 만든 멋진 지형은 관광자원으로도 이용되고, 물이 떨어지는 높이 차이를 이용해 전기를 만들기도 해요. 특히 물은 생명을 유지시키는 데 꼭 필요해요.

★ 준비물

- 스마트 기기
- A4용지
- 그림 도구

실험 시간	난이도	실험 위험도	관련 단원
30분	★★★★★	★★★★★	4학년 2학기 5단원 물의 여행

활동 1 물이 이동하는 과정을 생각해 보세요.

1 공장에서 사용한 물 → 하수처리시설 → 하천, 강 → 바다

2 관광 자원에 이용하는 물 → 강, 바다 → 공기 중의 수증기 → 구름, 비

3 생선을 보관한 얼음 → 물 → 하수처리 시설 → 하천, 강 → 바다

4 농작물에 뿌린 물 → 흙 속의 물 → 식물 뿌리로 흡수된 물 → 공기 중의 수증기

5 설거지에 사용한 물 → 하수처리시설 → 하천, 강 → 바다

> **TIP**
> 물은 어디론가 사라지지 않고 계속 순환하는 과정을 거쳐요. 물이 어디로 계속 가야 없어지지 않고 순환할 수 있는지 생각해 보세요.

활동2  집 안에서 쓰이는 물의 이동을 생각하고 그려 보세요.

1 화장실에서 쓰인 물이 어디로 가는지 그림으로 그려 보세요.

2 마신 물이 어디로 가는지 그림으로 그려 보세요.

3 집 안을 청소하는 데 쓰인 물이 어디로 가는지 그려 보세요.

4 목욕을 할 때 쓰인 물이 어디로 가는지 그려 보세요.

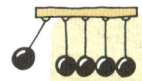 **아꿈선이 알려주는 재미있는 과학이야기**

태양 에너지에 의해 지역 간에 기온 차이가 나게 되면 바람이 일어나서 바다 표면에서 물을 증발시켜요. 수증기는 상승하면서 응결되어 구름을 만들고 이것이 바람에 의해 이동되어 비나 눈으로 내리는데 대부분은 바다로 떨어져요. 육지로 떨어진 물은 다시 증발하여 공기 중으로 돌아가거나, 일부는 생물에 의해 섭취되고, 일부는 토양으로 스며들어 지하수가 돼요. 이것이 호수나 시냇물, 강으로 흘러들고 다시 바다로 돌아가게 돼요.

49 물 발자국 계산하기

혼자서도 할 수 있어요 ☐
친구와 함께해요 ☐
부모님과 함께해요 ☑

물이 부족한 까닭은 지역이나 기후에 따라 이용할 수 있는 물의 양이 다르고, 도시가 발달하고 사람이 많아져 물 이용량이 늘어났기 때문이에요. 또 산업이 발달하면서 환경이 오염되고 사람들이 물을 아껴 쓰지 않아서 이용할 수 있는 물의 양이 점점 줄어들기 때문이에요.

★ 준비물

- 스마트 기기
- A4용지
- 그림 도구

실험 시간	난이도	실험 위험도	관련 단원
30분	★☆☆☆☆	★☆☆☆☆	4학년 2학기 5단원 물의 여행

활동 1 물 발자국을 계산해 보세요.

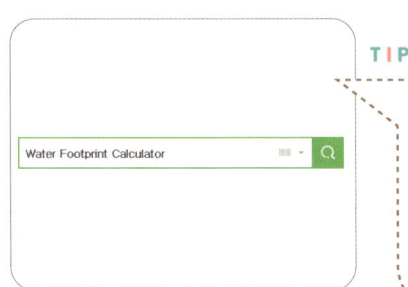

TIP
물 발자국을 통해 물 이용의 효율성을 평가할 수 있고 국가별로 물 사용의 불균형이 심하다는 것을 알 수 있어요. 물 발자국의 정의는 상품을 생산, 사용, 폐기하는 전 과정에서 필요한 물의 양이에요.

1 포털 검색창에서 'Water Footprint Calculator'(https://www.watercalculator.org)을 검색하고 홈페이지에 들어가세요.

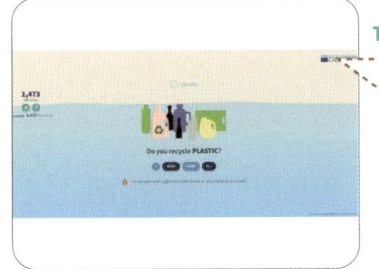

TIP 홈페이지가 영어로 되어 있어서 브라우저의 번역 기능이 필요해요. 거주 지역은 미국의 도시로만 나와 있지만 아무 도시나 선택해도 상관없어요. 물의 사용량이 늘 때마다 화면에서 물이 점점 차오르는 것을 볼 수 있어요.

2 부모님과 함께 우리 집에서 쓰고 있는 물 발자국을 계산해 보세요.

활동2  집에서 물 절약을 실천해 보세요.

1 물을 사용할 때 수압을 약하게 틀어서 사용하세요.

2 손을 씻을 때 물을 잠그고 비누칠을 하세요.

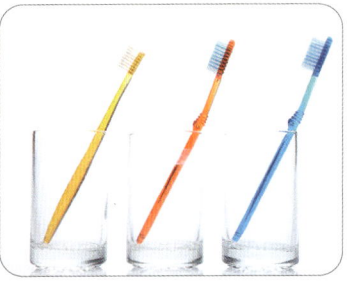

3 양치할 때는 칫솔과 양치컵을 챙기고 입 속을 헹굴 때 양치컵을 사용하세요.

● A4용지에 집에서 실천할 수 있는 물 절약 방법을 그려서 집 안에 붙여 두세요.

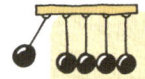 **아끔선이 알려주는 재미있는 과학이야기**

날로 심각해지는 물 부족과 수질오염을 방지하고 물의 소중함을 되새기기 위하여 유엔은 '세계 물의 날'을 만들고 선포했어요. 1992년 12월 22일 리우환경회의 의제 21의 18장(수자원의 질과 공급 보호)의 권고를 받아들여 '세계 물의 날 준수(Observance of World Day for Water) 결의안'을 채택했어요. 이 결의안에 따라 매년 3월 22일을 '세계 물의 날'로 제정, 선포하여 1993년부터 기념하고 있어요. 매년 기념우표도 발행하고 있어요.

50 물 모으는 장치 설계하기

혼자서도 할 수 있어요 ☑
친구와 함께해요 ☐
부모님과 함께해요 ☐

와카워터는 공기 중의 수증기를 응결하여 그물망에 맺히게 하고, 그물망에 맺힌 물방울이 흘러내려 아래에 놓인 그릇에 모이는 장치예요.

★ 준비물

- 도화지
- 연필
- 그림 도구

실험 시간	난이도	실험 위험도	관련 단원
30분	★★★☆☆	★☆☆☆☆	4학년 2학기 5단원 물의 여행

활동 1  와카워터의 원리를 생각해 보고 스케치해 보세요.

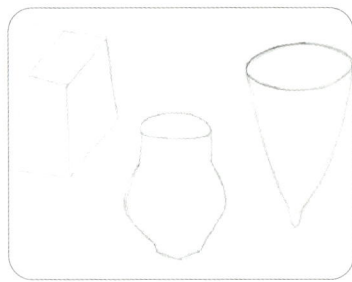

1 와카워터를 어떤 모양으로 만들지 생각하고 스케치해 보세요.

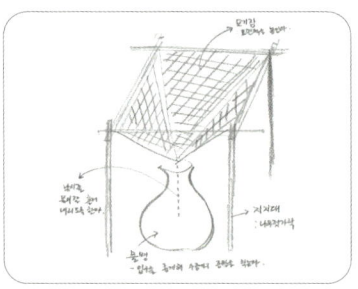

2 어떤 재료를 사용하여 와카워터를 만들지 정하고 그려 보세요.

3 다양한 모양의 와카워터를 설계해 보세요.

활동2  수증기를 모아서 식수를 모으는 장치를 설계해보세요.

 사막에서 모래가 섞인 물을 끓여서 수증기를 모아 식수를 만들 수 있어요.

1 다양한 원리로 수증기를 모아서 어떻게 식수를 만들 수 있을지 생각하고 스케치해 보세요.

 정교한 과학 원리가 필요한 게 아니니까 여러분의 상상력을 마음껏 펼쳐 보세요.

2 햇빛을 받아서 증발한 수증기를 모아 식수를 만드는 방법도 스케치해 보세요.

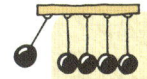 **아꿈선이 알려주는 재미있는 과학이야기**

지구상에는 물이 아주 많은데 그중에서 우리가 쓸 수 있는 물은 1%밖에 안 돼요. 그래서 과학자들이 '해수 담수화'라는 설비를 만들었어요. 해수 담수화는 지구상의 물 중 98%나 되는 바닷물을 인류의 생활에 유용하게 쓸 수 있도록 경제적인 방법으로 염분을 제거하여 우리가 쓸 수 있는 물로 만드는 설비예요. 우리나라의 기업이 세계에서 최초로 이 기술을 대규모로 설계하고 가동했어요. 아랍에미리트(UAE)에 454,600톤의 설비를 제작하여 사막 국가 사람들에게 필요한 물을 공급하고 있어요.